NOTES

EXTRAITES

DE TROIS LIVRES DE RAISON

DE 1473 À 1550.

COMPTES D'UNE FAMILLE

DE GENTILSHOMMES CAMPAGNARDS NORMANDS

PAR

M. L'ABBÉ AUBERT

Extrait du *Bulletin historique et philologique*, 1898

PARIS

IMPRIMERIE NATIONALE

M DCCC XCIX

NOTES

EXTRAITES

DE TROIS LIVRES DE RAISON

DE 1473 À 1550

3

NOTES

EXTRAITES

DE TROIS LIVRES DE RAISON

DE 1473 À 1550.

COMPTES D'UNE FAMILLE

DE GENTILSHOMMES CAMPAGNARDS NORMANDS

PAR

M. L'ABBÉ AUBERT

Extrait du Bulletin historique et philologique, 1898

PARIS

IMPRIMERIE NATIONALE

M DCCC XCIX

NOTES

extraites

DE TROIS LIVRES DE RAISON

DE 1473 À 1550.

COMPTES D'UNE FAMILLE

DE GENTILSHOMMES CAMPAGNARDS NORMANDS,

PAR M. L'ABBÉ AUBERT.

Extrait du Bulletin historique et philologique, 1898.

PRÉFACE.

Les trois livres de raison dont nous avons tiré ces notes étaient oubliés avec d'autres papiers importants dans les greniers du château de Cairon. M. le comte d'Halwin de Piennes, nouveau propriétaire du château, nous les avait communiqués et nous avions pris quelques notes; M. Bénet, archiviste du département du Calvados, lut ces notes, et avec cette grande bienveillance qu'il met à encourager les études historiques, il nous pressa très vivement de compléter ces notes et de les publier, en nous assurant son concours le plus dévoué; nous lui en exprimons ici notre reconnaissance.

Ces livres renferment de véritables comptes courants des Perrotte de Cairon avec leurs fermiers et leurs ouvriers; il était impossible de les publier intégralement, et la lecture eût été sans intérêt, beaucoup de ces chiffres ne donnant rien de précis sur les salaires ou sur le prix des divers objets. Nous n'avons indiqué ces prix que s'ils étaient bien précis sur la valeur d'un travail, d'une journée ou d'une denrée.

De temps en temps nous avons rencontré des détails intéressants sur la vie de la famille, sur les événements importants, des renseignements curieux. Nous les publions.

Nous apportons des documents, nous n'osons pas en tirer les conclusions, que l'on doit réserver à une science et à des études plus étendues que les nôtres.

Nous ferons remarquer que les Perrotte de Cairon n'habitaient pas Cairon[1], dont ils avaient acheté le fief noble; ils étaient restés à Bretteville l'Orgueilleuse [2], et l'expression *ciens* ou *siens* désigne toujours cette localité, située sur la route de Paris à Cherbourg, entre Caen et Bayeux.

L'orthographe des mots est encore celle du patois actuel, nous l'avons quelquefois signalé.

Caron est le même que Cairon; les paysans disent encore *Cairpiquet* pour *Carpiquet*.

Abréviations. — l = livre; s = sou; d = denier; t = tournois; ce dernier mot doit toujours être ajouté.

b = boisseau; fr = froment; il y a trois mesures du boisseau : le boisseau mesure ancienne de Caen, le boisseau mesure de Bayeux; c'est la mesure de Bayeux qui est toujours supposée, quand on n'en indique pas d'autre; enfin la mesure d'Arques.

---

[1] Cairon, arrondissement de Caen, canton de Creully.
[2] Bretteville l'Orgueilleuse, arrondissement de Caen, canton de Tilly.

I

SITUATION DES PERROTTE DE CAIRON,
D'APRÈS NOS LIVRES DE RAISON SEULEMENT.

« Ce papier fut fait et commenchié l'an mil cccclxxxii la vegille Saint-Sauveur en aoust. » Colin ou Nicolas Perrotte venait de mourir : il avait été anobli en 1450 par le roi Charles VII, lorsqu'il passa par Bretteville, ou d'après d'autres Nicolas avait obtenu du roi la confirmation du titre et qualité de la noblesse ; le 12 avril 1459, il achète à Simon Honoré, prêtre de S.-Sauveur, et à Jean Le Fèvre, de Rosel, pour 80 livres tournois, huit livres de rente sur Jean du Vieu, et le même jour il échange ces huit livres de rente contre le *feu aux Chamberlngs* sis à Cairon, en y ajoutant 66 livres. C'est ainsi qu'il était devenu sieur de Cairon, mais il avait continué de dem... ver à Bretteville et ce ne fut qu'au dix-huitième siècle que C...es de Cairon, curé de Cairon, et son frère Jean de Cairon, construisirent un modeste château moderne sur les ruines de l'ancien manoir féodal.

Colin laissait trois fils : « maistre Jehan de Cairon, curé de Coulombiers sur Seulles, Nicolas, escuier, et maistre Etienne de Cairon », qui était ou qui devint chapelain de Beaumont-le-Richart, commune d'Englesqueville, canton d'Isigny. La succession était indivise. Ils continuèrent à acheter des terres et des rentes à Bretteville et aux environs, comme nous voyons leurs ancêtres le faire depuis 1350 environ ; en 1479, d'après nos livres, leurs rentes s'élevaient à 760 boisseaux de froment, 15 chapons, 28 gélines, 332 œufs ; 38 livres, 7 sous, 11 d., 3 mailles, et *ung capal* de roses vermeilles à la St. Jean : les fermes s'élevaient à 4 setiers, 512 boisseaux, 2 gélines, 10 œufs, 34 livres, 11 sous, 6 journées d'homme et 1 journée de harnais.

La sieurie de Cairon leur donnait 74 sous, d'après nos livres, (toutefois les pleds de gage-plège indiquent 60 sous), 23 *ouisiaulx*, soit 16 chapons et 7 gélines à Noël, et 290 œufs à Pasques et 4 pains quarsonniers. Enfin ils avaient à Cairon 13 l. 15 s. 6 d. de ferme.

Ils ne cessèrent pas d'acheter, et devenus maîtres du fief de Cardonville, ils donnaient occasion à leurs successeurs d'élever plus tard des prétentions à être les seigneurs de Bretteville. «Gilles Flambart, escuier, vend à nobles hommes Nicolas et maistre Estienne de Caron, sieurs dudit lieu, le fien de Cardonville, assis à Bretheville l'Orgueilleuse par saize l. x s. et xx s. de vin, l'an mil iiii^{xx} dix huit, le xxie jour de juin, devant Jehan Vaudry et Guillaume le Sage, tabellions à Cheulx.»

Ces rentes et fermes ne suffisaient pas à en faire de grands seigneurs, ils ne suivaient pas la cour du roi et, pour le service de l'ost, Nicolas de Cairon se fait représenter par Jehan Laurens, son neveu, à la monstre tenue en 1479 à S.-Pierre-sur-Dives (v. à la fin). Les de Cairon restaient à la campagne au milieu de leurs fermiers et ouvriers, ils faisaient eux-mêmes valoir une partie de leurs terres et n'avaient pas d'intendant pour diriger leur exploitation. Nous insistons sur ce point, pour bien montrer que les prix indiqués ont été débattus directement par eux avec leurs serviteurs et ouvriers, n'ont pas été surfaits, comme ils auraient pu l'être par des intendants, et sont bien par conséquent les prix ordinaires du pays.

Les Perrotte de Cairon avaient en moyenne de 6 à 9 serviteurs; en 1525 ils avaient dix chevaux et une mule, le marché avec les maréchaux nous le dit; ordinairement ils avaient de 300 à 380 moutons; l'an 1532, à la Nostre Dame septembresse, il y a ciens xxxv porceaulx que grans que petis; le paiement des dimes, la vente des peaux nous indique bien qu'il y avait des vaches, des bœufs, des taureaux, des veaux; nous n'avons aucune indication de leur nombre. En 1501, ils ont récolté 8,580 gerbes de blé; en 1502, 5,371, mais il y a plus d'orge et d'avoine; en 1503 au moins 7,681, et ici nous ne comptons pas ce que d'autres ont apporté dans leurs granges pour une raison que rien ne nous laisse soupçonner; en 1524, ils avaient prêté de l'argent sur la *besoigne d'aust* pour la récolte de 21 acres au moins; de plus ils récoltaient au moins 1,500 gerbes d'orge, 1,200 d'avoine, autant de pois, des voydes, des vesces, du lin, du chambre (chanvre), sans compter les prés. Ces chiffres ne suffiraient pas à faire comprendre l'importance de leur exploitation, si nous n'ajoutions que bien des journées d'homme et de harnais suppléaient à l'insuffisance des serviteurs et des chevaux.

Gentilshommes campagnards, les Perrotte de Cairon étaient dans l'aisance, comme le prouvent les avances d'argent, les constructions, la solennité et les *chérités* de leurs funérailles, la réception de quatre rois de France.

II

PRINCIPAUX ACTES DE LA VIE.

1° *Naissance et baptême. — Présents :*

L'an de grasse mil iiii° sesante dix sept, le dix huit° jour de février, fut naye Marguerite de Caron viron à six heures au matin.

Robert Deslandes, parain, ung escu au fileulage et ung escu à la feste.

Damaisele Maguerite d'Etampes xv s. au fileulage et xv s. à la feste.

Damaiselle Simongne de Loucelles xii s. à la feste.

Jehan d'Etampes escuier demy escu d'or.

Richart Nouel dix s.

Ma seur de Culy saize onzains.

Ma niepsse de Baieux demy escu d'or.

Misire Yves Leguestre dix onzains.

Misire Germain Cauchart dix onzains.

Jehan Lefeivre maréchal six onzains.

Damaiselle Katerine de Hotot demy escu d'or.

L'an de grasse mil iiii° sesante dix huit, le premier jour d'avril avant Pasques, fut ney Nicolas de Caron.

Maistre Girart de Loucelles parrain dix s. et dix s. à la feste.

Ma seur de Culy mareine.

Robert d'Estampes escuier demy escu d'or.

La batarde Jehan d'Estampes onze onsains.

La femme Richart Nouel dix s. t.

Misire Yves Leguestre dix onzains.

Misire Germain Cauchart dix onzains.

Jehan Lefeivre maréchal chinq s. t.

Misire Eustase Dupuis sept s. t.

Robert Deslandes ung escu d'or.

Ma niepse de Baieux saize onzains.

L'an de grase mil iiii° iiii vings, le premier jour de may, fut ney Jehan de Caron tiers enfant de Nicolas de Caron et de Marie de Hotot son espousse, lequel enfant fut tenu sur fons de ma seur de Culy, de b. Perrotte, fils

Tommas et de Jehan Graverent lesné et Jehenne Morel. Et viudrent le jour
de devant que on set feste :

Maistre Jehan d'Estampes et la dommaisselle sa seur vindrent la veer
(voir) et Robert d'Estampes le jour de la feste donna demy escu d'or.

Maistre Girart de Loucelles douze s. t.

Richart Nouel dix s. t.

L'an de grâce mil iiii^c quatre vings et ung, le huit^e jour de jung, fust
ney viron solail levant Nicholas de Caron, filz de Nicholas de Caron escuier
et de damoyselle Marie de Hotot et fust ledit enfant tenu sur fons de maistre
Jehan Toustain prestre, Guillaume Lorenche escuier, s^r de Coullombiers
sur Seulle, damoiselle Guillemete Lorenche, et n'avon prins nus présens
en la gésine.

L'an de grâce mil iiii^c quatre vingt et deulx, le penultième jour de juillet
trois heures après medy ou près, fust ney Nicolas de Caron cinq^e enfant
de Nicolas de Caron escuier et de damoyselle Marie de Hotot et fust l'enfant
tenu sur fons et baptisé de vénérable et discrète personne mons^r maistre
Quentin Lefeivre, docteur en théaulogie, curé de la Remuée et d'Anfré-
ville, Nicholas de Loucelles escuier, Jehan Deslandes bourgays de Caen, et
damoyselle Jehenne de Caron veuve du s^r de Coullombiers.

L'an de grâce mil iiii^c quatre vings et trois, le trazième jour de novembre,
fust née Marie de Caron six^e enfant de Nicolas de Caron et Marie de Hotot
son espouse et fust tenue sur les sains fons de batesme par mis^e Jehan
Perrotte prestre, Martine Deslandes, Jaenne Leguestre et Perrete Parris, et
fust née lad. enfant viron heure et demie avant jour.

L'an de grâce mil iiii^c quatre vings et cinq, le sept^e jour de may, fust
né viron heure de solel levant sept^e enfant de Nicolas de Caron et de Marie
de Hotot son espose, et fust tenu sur les sains fons de batesme par maistre
Jehan de Caron prestre curé de Coulombiers sur Seule, Pierres de Loucelles
escuier, et Guillemete Deslandes.

En 1572 Jacques de Cairon, après l'acte de naissance et de
baptême de son fils Philippe, ajoute : «Dieu le fache homme de
bien.»

2° *Nourrice.* — Après sa naissance l'enfant est placé en nourrice.

Olivier de Caron fust ney le neuf^e jour de juillet mil cinq^c et ung le vendre viron heure et demie après midy, et le doit garder Guillemete Goullé une année entière par le prix quatre l (livres) et le drap d'un chapron (il est le 8ᵐᵉ enfant de Nicolas et de Marie de Hotot).

La nourise de Guillemette commencha à la garder et nourir à la grant Pasques (1523) elle a eu ung boiss. de froment Arcques de iii s. vi d., iii s.; ung boiss. de v s. Baieux., ung bois. de iiii s. iiii d., ung boiss. de iiii s. iiii d., ung bois. de v s. ung bois. à Pasques (1524) (total : 34 s. 6 d.)

Marion Picquot doit nourrir et garder Jehan de Caron mon fils par le prix de (laissé en blanc) en commenchant à la Chandeleur (1524), elle a eu ung bois. de from. Arcques de xii s. le bouesel; ving s. tout pour aider à faire leur maison.

Marchié fait avecques Jehan Vaussieu et sa femme pour nourrir et aletter ma nièche Marie jusques à ung an pour le prix de quatre l. t. et ung b(oisseau) de f(roment) le drap d'ung chapron et une paire de souliers pour toutes choses, fait l'an iiiiˣˣ iiiᵉ et quatre le troisᵐᵉ jour de moy.

Jehan de Cairon dont il est parlé ici est le fils de Nicolas de Cairon né en 1478.

3° *Écoles. Collège. Licence. Clerc de tabellion.* — L'école était tenue à Bretteville par l'un des prêtres. En 1480 Simon Flavigny est aussi payé pour l'escollage, voir aux Affaires religieuses: vie religieuse et situation des prêtres.

Les enfants riches allaient en pension. «Mon cousin d'Estaviaulx (Étavaux, réuni à Sᵗ André de Fontenay, près de Caen), a eu sept l. dix s. pour ung cartier de la pension de mon fieu le xviiiᵉ jour de jenvier. Item sept livres dix s. en moy. Item deux livres et par ainsy ne lny reste que sexante s. Payé tout.

«Le maistre des effants de Fontenoy a eu sur leur pension six livres, conte fait avecques ledit maistre, par ainsy qu'il ne lny est deu pour tout que cent souls. Il est tout payé.»

Ils vont ensuite à Caen. «Jehan de Caron alla demeurer chieulx Fernagu [1] landemain de la Saint Liénart (6 nov.) chinqᵉ et deulx. Il est paié.» — «Jehan de Caron ala au collège demeurer le jour Saint Denis (1504). Il est paié six l. pour le quartier cheu le xᵉ jour de jenvier. Item vi l. le xiiiᵉ jour de juillet.» Il devint curé de Caligny (Orne). — De même «Nicolas de Caron alla demeurer

[1] D'après de Bras, Fernagu tenoit une Pédagogie près Saint-Étienne.

chieulx mons' l'avocat à Nouël chinq" et ung, sol. (soldé) trente l. [1]
pour l'an en suyvant qui est jusques à Nouël chinq" et deux. Item
il a esté aincor ung an qui est jusques à Nouel chinq" et trois, sol.
viron xxiiii rondelles de voyde de dix s. la rondelle. Mons' l'avocat était l'oncle de Nicolas; v. aux présents de noces.

Olivier de Cairon est étudiant à l'Université de Caen. A ce mo-
ment les comptes sont tenus par son frère Nicolas, né en 1478.

Mon frère Olivier est allé demeurer avecques les effans d'Usy (Ussy, près
de Falaise) en parsyon (pension) la velle de la Trinité... jour de may
v° xxiii, et doit conster xxx l. pour toutes choses. Il a eu troys b(oisseaux.
de f (forment) de huit s. le b. Item troys b de f. de dix s. le bousel. Item
xxxi s. vi d. le jour St Raven et S. Rasyphe (24 juillet) v° xxiii. — Il est
allé demeurer à Caen en une chambre le xvi° jour de novembre v° xxiii et
luy a esté baillé une couete et travessin, deux paires de draps de lit, deux
serviétes, cinq chemises, une serge rouge et xxv s. en argent avecques sa
poursyon de pain et viande. Il a eu sept s. vi d.. Il a eu pour sa lisense
(licence) cent s. Il a eu dix s. par mis" Graveren. Il est retourné à Caen en
une chambre le vii° jour de novembre v° xxv et a emporté deux escuelles
et ung plat le tout d'estain et deux serviétes sans cuvre.

Mons' de la Couronne, chez son oncle et chez un tabellion.

Mon nepveu de la Couronne (son père était mons' de Fresnay et sa
mère Marie de Cairon et son grand père Mons. de la Couronne) est venu
siens demeurer le tiers jour de may v° xxiii. Il a esté troys moys ciens,
pour se sept frans et demy, et y fut de son premier voyage demy an qui
vauldret xx l. pour que le temps n'est pas sy cher qu'il a esté depuis. Il a eu
deux chemises de mesmes moy. Item sept s. vi d. pour unes soullés. Item
deux s. vi d. quand il retourna voir son père. Item xii d. en drap à refaire
ses chausses. Item deux s. à sil qui les a refaites par plusieurs foys. Item
xii d. à cil qui a refait ses soullés. Il a eu une paire de chausses neufves,
drap doubleure et fason et s'en est retourné enprès l'aut (août), xxxv s. Je
payé à son père xv l. par quitanse et vii s. vi d. pour sa procuration. Je l'ay
aloué à Caen avecques ung escrivain jusques à ung an par xxv livres pour
toutes choses, commenchant St Cler v° xxiii et est tant tenu tant payé. Je
baillé quarante s. à son maistre d'avance sur sa poursyon (pension) ledit jour
St Cler. Il a eu v s. en unes soullés. Item xii d. en une escriptore. Item
xxxi s. vi d. en unes chausses. Il a eu cinq s. pour parpoyer son maistre.
Il a eu sept s. vi d. pour payer son cheval. Il a eu quarante s. baillés à son

maistre et a baillé quitanse de iiii l. du pénultième jour d'aust v^c xxiiii. Il a eu deux s. pour ses soullés. Il a eu cent s. en drap, vii s. ii d. pour la fason. Item pour la despense de quatre coustorieres une journée xii s. vi d. Item xii d. en fil. — v^c xxiiii. Mon nepveu de la Couronne est allé demeurer avecques Jehan Vauldry tabellion le jour de la Consception Nostre Dame huit^e jour de désembre l'an mil v^c xxiiii et doit couster cinquante s. par moys pour toutes choses. Il a esté deux moys siens premier que d'aller cheulx son maistre et pour ce cent s. Il a eu dix s. pour unes soullés et pour ung coustiau et une escriptore à Nouel v^c xxiiii. Il a eu quarante souls pour son maistre le jour Ste Agate. Il a eu une sumelles à ses soullés de troys s. iiii d. Il a eu dix s. le jour de la feste de sa maistresse. Il a eu deux s. vi d. ledit jour pour aracher sa dent. Il a eu cinq s. iiii d. tandis que son maistre est mallade. Il a esté longuement syens, quatre moys en l'an v^c xxiiii et y a esté malade du chault mal viron six semaines ou deux moys comprins le moys d'aust où il a esté gardé à grant coustage. Son père a eu troys aulnes de drap de xxv s. aulne et de deux aulnes de futaine noire de sept s. vi d. aulne. Item ung tiers de blanchet de vii s. vi d. pour faire ung bas de chausses. Item pour la façon desdits abillements dix s. Item en fil xv d. Item pour la despense de troys cousturières une journée dix s. Item pour la despensse dud. Fresné (son père) de huit jours xxx s. Item dix s. que je luy ay baillés à son partement à la my caresme v^c xx

En 1531. Il est deu à l'oste des effans à Caen la somme de xxvii s. iv pour toutes choses qu'il a baillés aux effans le premier jour de désen la. v^c xxxiii. Il a baillé xi s. depuis, pour avoir du gibier à donner aux Colas de Troysmons. Il a eu deux poinchons de sydre du prix de xvii s.

4° Noces. — «Le jour Saincte Br[gi]de premier jour de février espos. Nicolas de Caron escuier domaiselle Marie de Hotot l'an cccclxxxii.» Leur fils Nicolas épousa Agnès de Pertou, dont le frère était seigneur de St Germain de la Lieue. Leur fille Marie épousa Monsr de Fresnay. dont le père et le fils sont appelés sieurs de la Couronne. Ces alliances s'expliquent facilement. Etienne de Cairon était chapelain de Beaumont le Richart, dont le châtelain était le père de Marie de Hotot; Beaumont le Richart relevait de la baronnie de S. Vigor, près de Bayeux, ainsi que le fief de la Couronne, à S. Vigor; St Germain de la Lieue relevait de Beaumont le Richard.

Du mariage de Nicolas et d'Agnès de Pertou naquirent Jacques, Jean, Etienne, Guillaume. Jacques épousa Isabeau Boutin, de Viclot, et eut pour fils Nicolas et Philippe.

Trousseau. — «Mémore du linge baillé à Guillemette de Caron : deux doubliers de siens, troys draps de lit, deux toualles à faire, huit serviettes; ma sœur l'avocate, six serviettes, deux draps de lit, ung doublier; ma sœur de Flotemanville, quatre servietes, deux crevecies; Mariete Duboys, ung drap de lit; Jehenne Marye, ung crevecier. »

« Mémore du linge donné à ma nièche Marie :

Trois doubliers de cyens à cuvre damas.

Item trois draps de lit de deux toelles.

Item dix servietes, six ceuvrecyés tout de cyens (6 couvre-chefs).

— Ma nièche Margrite, ung doublier damas.

Item elle demy douzaine de servietes à petite venise.

— Martine Deslandes, quatre servietes à cuvre damas.

Madamoiselle de Coulombiers, une chemise, deux cervechiers.

Madamoiselle de Loucelles, deux servietes.

Mariete Duboys, ung drap de deux toelles.

Bienvenue, deux servietes.

Jehenne Marie, deux cervechies.

Mes nièches de Bernières, deux cervechies. »

Présents. — Vers 1504. Ensyt les présens faiz à mons' de la Couronne és neupches de mons' de Fresnay et ma nicpche Marie de Caron :

Monsieur l'avocat du Roy à Caen : Ung paoun, ung couple de cervifs, demye douzainne de connins.

Mons' de Loucelles : Ung paoun, ung lyèvre, ung cervif, ung couple de chapons, demye douzine de poulles.

Mons' de Coulombiers et Bernières : Ung paoun, ung couple de lyèvres, ung couple de connins, trois ouezons, quatre chapons, six poulles, six pigons, quinze alonetes de mer.

Mons' d'Amblie : Ung paoun, deux cervifs, deux connins, ung lievre.

Les sieurs de Caron : Ung paoun, un couple de cervifs, deux levraulx, ung lyèvre, quatre connins, ung couple de chapons, ung corlieul, huit chevaliers, quatre vennaulx, une douzaine d'ouvrières, huit poulles. »

Ensyt les présens d's noches de ma seur Katherine et esposa le xiv' jour de février v' et sept.

Mons' de Loucelles : Ung paeng, ung lièvre, deux cappons.

Cullye et Bernières : Deux cervis, ung lièvre, quatre congnins, quatre corlieux, douze plouviers.

Mons' l'avocat : Quatre congnins, quatre corlieux, six vitecos, six plouviers, six vannaulx, deux ouésiaulx de rivière.

Mons' de Codebec : Deux congnins, deux corlieux, quatre vitecos.

Bretheville : Deux cervis, deux lièvres, deux conguins, ung pan, deux corlieux, douze vannaulx, six perdrix, six vitecos.

Mémore des vyandes présentées à mons' l'avocat (c'est Jean de Bourgueville, sieur de Bras, avocat du roi au bailliage et vicomté de Caen, marié vers 1500 à Marguerite de Cairon et père de l'historien de Caen) :

Vingt-neuf perdrix.
Vingt-chinq vitequos.
Douze douzaine d'alouetes.
Quatre lièvres.
Dix congnins.
Six cagnars.
Six serceules.
Item chinq hérons.
Quatre butors.

Trois pons.
Ung quartron de pain de sucre fin.
Ung quartron de canelle fine.
Ung quartron de poivre et mugete.
Ung quartron de clou eslen.
Ung quartron de safren de bruniquet sec.
Le tout couste quarante trois s. de Guillaume Fréron de Baieulx.

Jehan Deslandes, deux hérons et deux butors.
Pierres Lecueu, deux hérons et deux butors.
Le curé de Coulombiers et le sieur de Quesnet (Cainet, ancienne paroisse, réunie au Fresne-Camilly), quatre hérons, quatre butors, quatre connins, une grue, ung lièvre et six ouésiaulx de rivière.

Mémoire des présens qui ont esté donnés aux noces du s de Cairon (vers 1540 à 1550) :*

Et premièrement Jehan Langre, six boyss. d'avoine.
Item Champion, ung couple de chappons.
It. Le Personnier, II chapons et XX œux.
It. Brehan, six beysiaus d'avayne et IIII chappons.
It. Perrynne-Collet, IIII chappons.
It. Gervais Maugier, ung chapon et une poulle.
Rychard d'Arguenchi, II chapons.
It. Benest, II beyss. d'avayne et XX œux.
It. Quesnet, six boysiaux d'avayne.
Item Fransoys de Crenchi, deux ouez graces.
Item Jehan Claiment, ung chappon et une poulle.
Item Mathieu Maugier, II chapons et XX œux.
Item Marin Rozier, six boyss. d'avaine et deux chappons.
Item maistre Jehan Varignon, ung ouessian d'inde et deux chappons.
Item Regnauld Eudes, II chappons.
Item mis⁵ᵉ Jehan Perrotte, quatre boysyaux d'avayne, II poulles et six œux.
Item Denis Quéron (Cairon), IIII bs. d'avayne et deux poulles.
Collas Guillebert et Guillôme Laye, une douzene d'allouettes, deux boyss. d'avayne.
Item La Jacquette, une douzaine d'allouettes et ung boysiaus d'avayne.
Jean Jorette, une vingtaine d'œux.
Item le s⁵ de Saint Vigor, ung cartier de venayson, ung couple de ramyers, deux congnis, ung ouaisyaux de rivyère, plus ung levrault.

Item Gilles Graverent, ii b. avene.

Item Richard Maugier, i b. avene.

Item Guillaume Martine, ii b. avene.

Item Bastien Milloret, i géline.

Plus par led. s' de Saint Vigor, une bouteille de yaux roze (eau de rose).

Item Jehan, une douzene allouetes.

Par La Rose, une géline et une douz. allouetés.

Par Pierres Martine, une géline.

Par le s' du Breuil, ii chapons, deux chervis et ung lièvre.

Le s' de Putot ung pam, une ouaye grace, un chappon, ii gélines, ung ouaysiaux de rivière, ung cartier de mouton, ung cartier de viau.

Le s' de la Fontayne, i géline, ii ouaysiaux de rivière, ii sarseulles, deux lapins, deux pingonnyaux, troys plouviers, une douzaine allouetes, ung couc d'Inde.

Guillaume Sancée, iii b. d'avene.

Jehan Bourgays, i b. avene.

Grand Jehan de Quenchy (Crenchy), ii gélines et six b. d'avayne.

Gérard, une géline et vingt œufs.

Nicollas Duboys, vi b. avene.

Richard du Rochier, ii b. avene.

Le s' de Crycherons, une douz' allouetes.

Maistre Robert le Paynteur, six b. aveyne, ii géline.

Mis. Jehan Rozier, vi b. avene, ii gélines.

Le s' de Broué (Brouay) le jeune, une ouaye grace, ung ouaysiaux de ryvière, une cerseulle, ung chapon, deux poulles, une douzaine de allouetes.

Guillaume Tostain, iii b. aveine et deux chapons.

Le s' de Bayny, ung congnin, ung ouaisiaux de ryvière, ii chappons.

Pierres Lenepveu, i géline avecques une douzaine alloetes.

Le s' de Eran (Airan), ung quoc avecques une bouteille ypocars (d'hypocras).

Vincent Champion, vi b. avene.

Noelle, ung couple de gélines.

Malline de Géran, cent de ougnons et sy alloetes.

Regnart, douzaine alloetes.

La fiancée de mons' de Breteville, troys poulles.

5° *Testaments.* — Testament d'Etienne de Cairon :

In nomine Domini amen. Ego Stephanus de Cairon, presbyter, cappellanus capelle Puteri Montis le Richart (Beaumont le Richart), sanus mente et intellectu, licet infirmus corpore, consideraus casus qui quotidie corporibus humanis accidunt et quod nihil est certius morte et nihil incertius hora, nolens intestatum ab humanis descedere, ob hoc facio testamentum meum in modo qui sequitur. In primis igitur animam meam recommando altissimo creatori meo, beate Marie Virgini, beato Michaeli, beato Germano, totique curie celesti; de bonis autem mobilibus a Deo mihi collatis accipio pro parte mea unum buccellum frumenti tesauro ejusdem loci et alium karitati panis Pasce ad mensuram seniorem Cadomensem et quinque buccellos presbyteris et clericis ad eamdem mensuram, pro habendo vigilias ad novem lectiones cum laudibus in vigilia exitus anime mee et unam missam in nota in die sicque quod heredes mei possent tradere illos vel tradere septem francos decem solidos t. pro habendo illos buccellos ubi videbitur bonum esse et unum buccellum frumenti luminario beate Marie ejusdem loci et magistro Johanni Duboys, similiter decem solidos t. luminario beate Marie Virgini de Putoto et luminario beate Marie de Norayo, similiter decem solidos t. et residuum bonorum meorum do fratri meo et sorori mee et pueris suis. Ad hec autem exequenda accipio executores meos Nicolaum de Cairon armigerum fratrem meum natalem cum uxore sua et do eis potestatem augendi vel diminuendi predicta legata prout viderint expedire saluti anime mee. Actum anno Domini m^o quingen^no 3e, die xxix^a mensis augusti, teste signo meo hic apposito.

Testibus Johanne Duboys presbytero et Johanne Goullay.

E. de Caron, pbre, Duboys.

Le même jour Maistre Duboys redige à la troisième personne le testament de Nicolas et de Marie de Hotot «in lecto egritudinis jacens», dans les mêmes termes, mais en ayant pour témoins «Jehan Goulle, Jehan Quiedeville cum pluribus aliis testibus fide dignis ad hoc vocatis.»

Testament de Nicolas de Cairon (1530) :

Je Nicolas de Caron sain de pensée et d'entendement, considérans les inconvéniens de la mort, qui par chacun jour aviennent aux corps humains, voullant mourir o la foy de Dieu et de l'église comme bon catolicque, faiz mon testament en la manière qui ensuit. Premièrement je donne mon âme à Dieu, mon père créateur, en luy criant mersy des péchés et offenses que j'ay contre luy commys, luy suppliant me les pardonner et aussy à la beneste vierge Marye et qu'il luy plaise impétrer grasse pour moy, à mons^r St Michel l'ange qu'il luy plaise la conduire et garder, à mons^r St Germain (patron de Bretteville) mon patron mons^r St Nicolas et à toute la court célestielle de parradys, Et des biens que Dieu m'a donnés je prends pour ma part six b. de f. (froment) mesure ansienne de Caen que je aquis sur mis^r Richart Duval desquels six b. je en donne quatre b. aux

prestres et clercs pour avoir une messe à note de Requiem et vigilles des
trespassés le jour de mon trespassement chacun an; et les deux b. restans
je les donne à la charyté du pain de Pasques. Et se je me meurs, je donne
au trésor de l'église ma robe de camelot pour faire une chape et mon soye
de veloux et mon parpoint de satin cramoysy pour faire ung chasuble; ès
confrarys Nostre Dame, S' Jean et le S' Esprit, à chacun six blans, au luminaire Nostre Dame V s., à chacun des luminaires xii d., aulx luminaires
Nostre Dame de Putot et Nouray à chacun six blans; à Hector Denis et
Florent, la maison et terres que j'ay acquises des jurées de Nouel Césille;
et le résydu de mes biens à ma femme et à mes effans. Pour mes
exécuteurs, mon frère Maistre Olivier de Caron, ma femme et mon frère
Jehan de Perton, sieur de S. Vigor (il s'agit ici, je crois, de S. Vigor des
Mezerets), et leur donne puissance de croistre ou diminuer. Item donne au
magister et à Girart à chacun une de mes robes. Fait le pénultième jour
d'avril l'an mil v^cxxx ès présens de Maistre Thomas Fransoye et Guirart
Martin tesmoings. — N. de Caron.

Nouveau testament du même en 1532. Le commencement
manque :

A la jurée de Jehan Graveren l'esné par se qu'ils en seront tenus faires
à mes hoirs dix s. de rente fonsière au jour S' Michel deux capons et troys
liars à Nouel, les troys liars ès troys messes pour offrende, trente œufs et
deux poulles à Pasques, le tout de rente, et par se ainsy s'il mourret sans
hoirs ny effans de l'un d'eux ledit heritages en se cas retourneroit à mes
ditz hoirs. Item je donne à Rou'ant de S' Saplys (S' Sulpice, près de
Bayeux) vergée et demye de terre assise à Breteville en ville... Item
ung cart de cinq vergées au bout des jardins vers Nouray... par se
qu'il en sera teneu faire chacun an de rente fonsière à mes hoirs, douze d.
le jour S' Michel, ung capon à Nouel et troys d. d'offrende ès troys messes
de Nouel et quinze œufs à Pasques, et s'il neu meurt sans hoirs, les dits héritages retourneront à mes effans et sy leur donne à chacun dix l. pour une
foys payer qui seront quarante livres pour eux quatre. Et tout le résydu de
mes biens je le lesse à ma femme et à mes effans. Item donne à Guirart une
de mes robes et mon accoustrement pour aller à cheval. Item donne à
l'église ma robe de camelot, mon soye de veloux et preus pour mes
exe[c]uteurs ma femme, Jehan de Perton son frère, sieur de S' Vigor, et
mon frère Jehan de Cordouen, s' de Grestain, et leur donne puissance de
croistre, ordonner ou diminuer ce présent mon testament et dernière voul-
lenté ainsy qu'il leur plera et leur prye et à mes effans commande que en
laisse jouir et poye aux *ba'ars* se que leur ay lessay, sy prendre le veullent.
Item donne à Parys cent s. pour une foys payer. Fait aujourduy deuxiesme
jour de septembre l'an mil cinq cens trente deux. Presens Jehan Varignon,

le machon, Lucas de Glatigny, Guillaume Meryte, Jehan Le Feivre de la paroisse de Bernières tesmoings par moy prins et apelés. — N. de Caron.

6° *Obsèques.* — Domoiselle Guillemine d'Estampes trespassa l'an cccc l xxxi le jour Saint Jaque et Saint Philippe en may à ung samedi (au sujet des messes, les trois frères Jean, Nicolas et Étienne fixent ce jour pour le trépas de leur mère).

Obsèques de Marie de Hotot. — Domoyselle Marye de Hotot ma mère trespassa le dimenche dix° jour de septembre viron dix heures de nuit l'an mil cinq cens et troys et furent ses services généraulx et sa chérité généralle. Dieu luy faise pardon à l'âme. Et estoit fille de Thomas de Hotot, sieur et châtelain de Beaumont le Richart et de la Champaigne et sœur de Michel de Hotot s° de Beaumont, la Champaigne et Asnières et oncle de Fransoys de Hotot sieur dud. lieu de Beaumont. Et sa mère estoit fille aisnée de la Lisarne (la Luzerne).

Obsèques d'Étienne de Cairon. — Noble homme maistre Estienne de Caron prestre, chappellain de la chappelle Saint Liénard fondée en la châtelenye de Beaumont le Richart trespassa le dimenche de la grant Pasques viron quatre heures de relevée douzeiesme jour d'apvril mil cinq cens et six et furent ses services généraulx et deux cens quatre bouesiaulx de fr. furent baillés pour faire sa chérité, ledit forment baillé ancienne mesure de Caen, et rendirent les boullengiés qui la firent vingt pains blans du bouesel pesent chacun pain une livre cuit, qui estoit en somme quatre mille pains sans conter les quatre bouesiaulx qui estoient en passant. Dieu veuille avoir l'âme de luy. Amen.

Obsèques de Nicolas de Cairon. — Noble homme Nicolas de Caron, sieur du lieu et de Cardonville, trespassa le quatorze jour de juillet l'an mil cinq cens et douze viron quatre heures de relevée et furent ses services généraulx et y fut donné quatre mille cinq cens pains blans pesans chacun pain tout cuit une livre et sy a esté dit depuis le jour qu'il trespassa jusques à ung an en suivant une messe en hault de Requien et fut dit au premier servise quatre cens six messes et au segont six cens cinq messes et au trentel fut mandé cent prestres des parroisses prochaines seullement et fut envoyé à chacun religion de Caen et Baieux siz bouesiaulx de fr. à la mesure desdites villes pour qu'ils estoient venus faire servise aud. lieu de Bretheville. Dieu luy faise pardon. Amen.

III

Nous n'avons de renseignements que sur le linge, la vaisselle et la batterie de cuisine, et sur un bijou.

L'an mil v° et onze au moys d'octobre feste S¹ Denis le linge de siens fut par moy conté et nombré ainsy qu'il ensuyt et n'est que sil qui sert à la mayson.

Vingt quatre dras de lit. — Item vingt huit serviettes.
Neuf cervrechiés — dix doubliers — six tais d'orilier.

Mémore du linge qui sert aval la maison :

Dix sept draps de lit dont il y en a cinq pour les varlés et les aultres pour les maistres.
Item plus deux draps de lit à la bergerye.
Item plus xxv serviettes grosses.
Item plus dix sept serviettes fines qui se doivent bouter en coffre.
Item plus cinq doubliers.
Item quatre toualles pour les varlés.
Item huit creveciés (couvrechef).
Item cinq petites tés d'orilié.
Item deux grans tés pour espaulier.
Item trois bisons.
Item xii plas d'estain dont ung est cheuls Goullé.
Item dix sept escuelles d'estain.
Item quatre pos d'estain dont ung est à bec.
Item deus cartes, deus tiers, deux pintes.

Mémore de la resselle d'erain : sept pelles dont cinq sont grandes et deux petites. — Item deux chaulderons.

Le penultième jour d'apvril v° soixante dix il a esté achepté et eschangé la vayselle de estain du s¹ de Cayron par Jehan Borel, son procureur, savoir troys doubzaines (et une, *en interligne*) de escuelles, trois douzaines d'assiettes et une douzaine de plas, poysant au poys de l'estemyer quatre vingt troys livres d'estain et au poys du Roy soixante et dix huyt livres qui feroyt cinq livres plus au poys de l'estemyer que au poys du Roy.

Bijoux. — v° xxvi, emprés la Guibray. Mémore que Jehan Crespin serviteur d'un nommé Allart demeurant à Paris au bout du pont Nostre Dame, plase aux viaulx, à l'ansangne de la truye aulx cochons, a vendu la bordeure et la chaine de ma femme et a garanty l'escu à quarante s. et a promys reprendre la chaine et en ballier une aultre et rabattre la façon de selle qu'il reprent sur celle qu'il baillera.

Je baillé en gage à Colete Bacon trente neuf piches d'or que grandes que petites de la vielle bordeure de ma femme, sur quoy elle m'a baillé xii l. en xxiiii gros de millen qui sont les xii l. que je bailles à maistre Guillaume du Moulin... ung noble à la rose et ung salut pour sept l.; (sont) somme dix neuf livres, rendu les perses (pièces) d'or.

IV

SERVITEURS.

Les domestiques étaient loués quelquefois pour une année, mais plus souvent ils étaient loués pour le travail d'aoult, de la Magdelaine à la Toussaint ou à la Saint-Martin d'hiver et ensuite pour le travail d'hiver de la Toussaint à la Magdelaine. De 1474 à 1483 les de Cairon ont six ou sept serviteurs en hiver et un ou deux de plus pour les travaux d'aoust. Rien n'indique leurs occupations spéciales. Le plus payé que nous voyions est Lorens de S. Liénard; il a 70 s. de la Magdelaine à la Toussaint et 70 sous 10 d. de la Toussaint à la Magdelaine; 50 sous, 40 sous et 30 sous sont les prix ordinaires pour le travail d'aout et la différence pour le travail d'hiver est seulement de 1, 2 et 3 sous malgré la différence de la durée du service. Les femmes ont environ 30 s. de la Magdelaine à la Toussaint; Guillemine de Castillon a 72 s. 6 d. par an. Tous ajoutent au prix de leurs gages une paire de «soullés» ou une «ramende», ou toutes les ramendes nécessaires à leurs «soullés». Cassin Goussiaulme est loué de la my-karesme jusques à la Magdalainne de l'an iiii^{xx} iiii^m et ung par le prix de dix s. et deux pétriniers.

Jean Marie est resté de 1477 à 1483. Nous ne pouvons suivre plus loin les noms des serviteurs; parmi les autres trois ou quatre seulement paraissent être restés quelques années.

V

RAPPORTS AVEC LES FERMIERS, SERVITEURS, OUVRIERS.

Taine (*Ancien régime*, p. 42) nous dit que «les petits seigneurs sont ordinairement bons avec les villageois.... ils attendent les dé-

M. l'abbé Aubert.

2

biteurs, leur font des remises, leur procurent toute facilité pour
payer. » En effet nos livres de raison nous montrent les rentes et
les fermes payées le plus souvent en travail, en nature, en argent ;
il semble que les de Cairon sont conciliants et patients; nous en
citerons trois exemples pris au hasard :

« Olivier Dubois (doit) trente sous t. de ferme. Il a syé et lié
sept vergées et demye d'orge... Il a fait dix jours et demy à fos-
sier en mars. Item huit jours au Saint-Sacrement (1479). —
Raulin Lair (doit) x x s. t. et ungue journée de sa paine, le toult
de ferme, et est pour le louage de la maison : — En 1479 il a fait
iii vergées et demye en forment. Il a donné deux xii (douzaines)
d'alouetes à deux foys. Item une xiie d'alouetes. En 1478 il
avait fait chinq jours au porchal (portail). — Mahiet Bougon (doit)
dix vii sous t. de ferme : en 1479, il a sié sept vergées et demie
o fossé de la rue de Bray en forment très cléret.... sol (soldé) ;
huit boisseaux de forment, près de demy quartier poy qui valent
viron huit planques au plus, car il estait mal venné; soldé iii l.
et demy de forment mal venné. Item ung b. de venneure — En
1480, il doit encore sur l'année 1479; luy ay payé toutes ses journées à la sye d'aoult et demeure du linge engage en rabattant sur
la dicte somme, fait le xe jour de septembre. Item il devra à la
Saint-Michel prochaine le fermage d'ung quartier de chinq vergées
oultre la paine du sergant. » Aux affaires religieuses nous aurons
le compte de Simon Flavigny et celui de maistre Germain Cauchart. — Citons encore ce règlement de comptes avec Jehan de
Quenchie (de Canchy) et nous verrons que si les seigneurs doivent
acheter, ils ne veulent pas vider les maisons et forcer leur débiteurs à changer leurs habitudes. « Il doit iii b. de froment de rente
et iii boiss. de ferme pour l'année 1479. Il doit par compte fait
pour le temps passé douze boiss. de froment et huit sous tournois
en argent et avons compté et paié toute la sye d'ault et les journées;
fait le huitième jour de décembre, sol (soldé) six boiss. de froment
nous sommes quites les (uns) vers les aultres du temps passé,
parce que nous avons acheté xx bestes à lainne et paiés, qui leur
demeurent à moytié. Fait le xe jour de février. »

A leurs fermiers, voisins, ouvriers, ils avancent de l'argent,
qu'ils doivent gueigner; dès le mois de mars ils prêtent du blé et
l'on s'engage pour la besoigne d'ault; ils prêtent de l'argent sur les
pommes et reçoivent les pommes (pommes receulx). Ainsi ils prêtent

Colet'chinq soulz, quant son fils trespassa, et a s. en sa maladye:
à un autre 10 soulz pour aller ès neuches (noces) de son frère;
5 sous à la *nouvelle messe*; 10 s. à Martin, quant il esposa; 3 s. 4 d.
à Maulgier (1506) pour aller ès neuches de sa nièche de Caron
(pour Cairon); chinq s. à Lenepveu (1496) pour bailler à maistre
Guérin, quant il remist la cuisse; 10 s. à un autre quant sa femme
estait en couche, quant elle fust à la Délivrande. — Ils agissent de
même avec leurs serviteurs : ils donnent ung liard pour ramender
(raccommoder) les souliers; 2 blans en cuir à ramender; 20 d.
en cuir à ramender; une ramende (quelquefois remende) de 12 d;
2 s. 1 d. pour remettre son bras; 11 d. quant elle fust sengnie. —
Mariete espousa viron le xviiie jour de février, ils ont eu xxii pos
de sidre ès neuches; je luy ai presté chinq s. t. ou environ ès dites
neuches — pour une autre, mon frère a chanté deux messes
(pour son mari défunt) de quoi il y en a donné une — à Germain
Sanson, 2 souls et demi à sa couronne; à un autre 2 s. pour ung
perpetuum, une autre aura une robe à femme du prix de 12 s. et
la faire simple siens — 4 onzains, quant il fust à Paris. — On
paie à un autre la fachon et les despens de deux chemises — 3 s.
6 d. en cuir et en drap noir pour rabillier sa jaquette — chinq s.
pour achater une chièvre pour sa fille. — Ils étaient charitables
dans les maladies de leurs serviteurs. Johan Marie est loué de la
Magdalainne jusques à la Saint-Martin d'iver par le prix de xlvii
s (ous) six d. t. : ledit Johan Marie a esté malade par plusieurs
foys qui est viron le tiers du temps et s'en ala à la vigille Saincte
Croix, sol (soldé) huit s. 11 d. t. sol. totum. — Jean Loueson est
loué de la Magdalainne jusques à la Saint-Martin d'iver par le prix
de quarante s. t. pour toutes choses, sol xx s. : sol. une paire de
souliers (c'était ordinairement de 3 à 5 sous; ici le prix n'est pas
marqué) il a fally par maladie viron trois sepmaines; sol xv s. —

Quelquefois, mais rarement, ils prêtent sur gages, ainsi à
Colette sur ung doublier, une touale, deux servietes et deux cervechies, qui sont dedens une toye d'orier (oreiller), il preste xv
souls. — Trois ou quatre fois ils se fatiguent d'attendre et il y a
des exécutions. — Trois ou quatre fois aussi on parle de nanps.

Faisaient-ils des remises à leurs débiteurs? nous n'avons pu
nous en rendre compte; plusieurs fois ils s'en rapportent au débi-
teur qui dit avoir payé ou avoir fait tant de journées.

Ont-ils prêté à usure? Nous l'avons dit, il y a souvent de l'argent ou du blé avancé sur le travail du mois d'août ; les débiteurs me paraissent aussi bien payés que les autres ouvriers, et s'il y a une légère différence entre certains prix, elle peut venir de la difficulté du travail, et souvent aussi un marché à forfait a ses surprises. Il y avait aussi de l'argent prêté sur les pommes; et sur ce point nous avons quelques doutes. Ainsi en 1494 Vaussieu a eu xx sous sur ses pommes et ay brevet de xl s. Le couturier a eu x s. sur les pommes et ay brevet de xx s.; le gendre à la fille Tirart de Lou-celles doit xx s. sur les pommes et xx s. baillés à ycelle, sol (soldé) trente-cinq boiss. de pommes, car en 1494 elles valent viron quatre blans le boisseau, ce qui serait le double de la dette. — Nous n'osons pas insister sur ce point, car il arrive souvent, comme en l'année 1494 elle-même, pour Vaussieu, et d'autres fois en 1501, qu'ils prêtent les xx sous après avoir eu le brevet : Vaussieu a eu xx s. sur les pommes et ay brevet de quarante s. item xx s. baillés à sa femme, sol xviii boiss. de pommes et ung b. de poires.

VI

AGRICULTURE. — OUVRIERS AGRICOLES.

1° *Culture du blé, orge, avoine, pois, etc.* — Pour la préparation de la terre, nous ne voyons d'autre détail que l'achat du fumier; ils trouvaient celui de leur ferme insuffisant. En 1521 ils en ache-tèrent ainsi au moins «110 cheretes, à ix d. la chertée», c'était le prix ordinaire; en 1525 et 1531 «le malle (fumier) couste ix d. la chartée». En 1515 Colin a vendu son malle par vii d. la bennelée.

Il fallait *sercler le blé.* — Quel était le prix des journées? L'an 1494, la semaine d'après la Pentecoste en mai, les filles Rault Gervaisse ont fait «chinq jours et demy (soldé) ii d.»

Le plus souvent le travail se faisait à la tâche. «Yvon Mauger doit cercler tous les cardons des forments, orges et avoines et les dogues (sorte de patience à longue racine pivotante) et aussi doivent cercler les poupis (coquelicot) et amourentes (maroute ou camo-mille puante) de trois vergées de fr., le tout par trente deux s. six d., ung boisseau de froment et ung boisseau d'orge pour toutes choses. — Thomas Quiefdeville doit cercler trois vergées de fro-ment de poupis et amourentes par cinq s. ii d. pour tout. — Perrin Le Baillif doit cercler dix sept vergées de fr. par chinq s. ii d. —

Marché fait avecques Michault de Quéron (Cairon) [et autres] par ceu qui doibvent sarcler sept vergées et demye de froment par le pris de trente s. t. pour toutes choses. Ce est l'an quatre^{xx} quatre vings et quatorze le xxie jour de may. — Il doit aussi cercler chinq vergées de froment par xx s., sol. six s.; *à son pain benest* deux s.

Au mois d'aout il faut scier le blé, le lier, le mettre en trésel, «c'est la besoigne d'aust» tous ceux qui doivent de l'argent, des rentes ou des fermages s'en acquittent par leur travail; d'autres ont reçu à l'avance de l'argent ou du blé, d'autres sont libres et travaillent à la journée ou à la tâche.

En 1507 la femme au Livre a fait cinq joies, elle a eu ung b. de fr. de trois s. — La veuve Jehan Le Baillif a eu quatre s. pour syer demye accre d'orge. — La Gervaise doit sier sans lier une vergée et demye de froment et vergée et demye d'orge par six s. pour tout. — Thomas Quiesleville doit syer et lyer demie accre de froment et demie accre d'orge par xii s. — Michault de Quéron doit syer et lier neuf vergées de froment par xxviii s.

«Argent baillié sur la sye d'aoult ou sur besoigne d'aust», dès avant Pasques, comme en 1503, dès le vendredi devant la Passion, nous ne pouvons tout citer, mais seulement ce qui donne des chiffres précis; un seul par année. En 1501 Jehan de Verson doit syer et lyer demie accre de froment par six s. qu'il a eus, et aura un desjuner. Lenepveu doit faire vergée de froment et vergée et demie d'orge par neuf s. dont il est paié et aura un desjuner. — En 1503 Yves Varignon doit syer et lyer trois vergées de froment et trois vergées d'orge par xviii s. deux maturaulx au premier d'aoult. — Giret Dumont a eu deux b. de froment de chinq s. vi d. le b. et doit faire demye accre de fr. et demye accre d'orge prestes (c. a. d. scier, lier et mettre en tréseau) par douze s. ung maturel. — En 1504 ledit Verson et Jehan Quiesleville doivent syer, lier et metre en trésel neuf vergées de froment et neuf vergées d'orge par xii s. accre et quatre maturaulx et sont obligés corps et biens chacun pour le tout le iiie jour de may. — En 1505 Giret Dumont doit cercler, syer et lyer trois vergées et demye de froment par xii s. t. pour tout, sol six blans pour une serpe. Yvon Selle doit cercler, lier, syer et metre en trésel iii vergées de froment par x s. — En 1506 Thomas Quiesleville a alloué neuf vergées de fr. à cercler, sier et metre en trésel par le prix de xxvii s. six d. et quatre heures pour toutes choses. — En 1508 Colin Maulgier a loué à sier, lier et maistre en trésel six vergées de froment par le prix de quinze s. et trois maturaulx pour tout. — En 1513 Prodomme aloue une accre tout prest par huit souls et deux porsions; Quiesleville dix vergées par vingt s. et cinq porsions (une part de repos). — En 1510 Prodomme doit faire cinq vergées de sye toutes prestes par dix souls l'accre. — En 1515 Perrin Leroy a eu vingt s.

pour deux accres de forment et demye accre d'avayne; lefевre dix s. pour six vergées de forment (ils paraissent moins payés, peut-être était-ce plus facile). — En 1520 une *demye accre* de besoigne d'aust valait III s. VI d. et III s. — En 1524 pour demye accre on paie cinq s. et une porsion et il y en a vingt et une accres de payées ainsi à l'avance en mars 1523 avant Pasques et depuis Pasques 1524.

Récolte de blé, orge, avoine et pois :

En 1501 sur les carrières XIIII[XX] IIII[XX] gerbes de forment. — It. VII[XX] IIII[XX] gerbes.

Au moulin au Guestre six[XX] deux tréseaux forment (6020 gerb.).

A la voie de Nouray — trois[XX] gerbes from.

Jehan Bourgoys (pourquoi avons-nous ici le compte de ses gerbes?) cinq[XX] d'une part — item trois[XX] — item XVIII trés. (180 gerbes).

Es courtes pièches douze[XX] trés. poy d'orge quatre[XX] trés. et huit[XX] IV gerbes poys et cent trés. (rien n'indique le blé).

Tiénot Mauger XX trés. from. — XVI trés. et douze trés.

Item demye accre de Quieffleville quinze tréseaux forment.

Donc pour lui : 8580 gerbes de blé.

En 1502 — ès quinze vergées IIII[XX] XV trés. I[e] gerbe fr. (951 gerbes.)

. Es trois vergées XX trés. from. — Item XX trés. fr. (410 gerbes.)

Au hault castellet XV trés. cinq gerbes (155

Sur le moulin vers Putot VIII[XX] dix trés. orge (170 gerbes.)

Es avaines de Cardonville IIII[XX] cinq trés. VII gerbes avaine (857 gerbes.)

Es courtes pièches. LX trés from. (600 gerbes.)

Au champ du moulin XXV trés. forment. (250 gerbes.)

Es quinze vergées quarante sept tré-eaux forment. (470 gerbes.)

Es XVII vergées LXV trés forment et XXIII trés. (880 gerbes.)

A la maison dune-quarante trés. avaine (400 gerbes.)

Au grant clos IIII[XX] six trés. form. (1,660 gerbes.)

Total : 5,371 gerbes de blé, 1,700 gerbes d'orge, 1,257 gerbes d'avoine.

Faut-il y joindre ès cinq vergées de Tienot Mauger XXV trés. (250 gerbes de blé) et XVIII trés. VI gerbes (186 gerbes).

En 1503 — ès six accres six[XX] et sept trés. de from. (1,270 gerbes

Au val de Putot — XXXIIII trés. forment. (340,

Au moulin à voyde XXXI trés. forment. (310,

ès cinq vergées du clos XXV trés. form. (250.

ès cinq vergées des fossés LXXII trés. et cinq gerbes (725.

ès feuguerettes quatre[XX] quatre trés. trois gerbes (4,043.

à l'espire, xu trés, ii gerbes fr. 122.

à la rue de Bray xxxii trés. i gerbe et xxxi tr. f van. 621.

it. chia pirate trois trés. de vêche. 530.

Total. 7,681 gerbes de froment et 530 de vêche.

Faut-il y joindre de Colin Mauger xvii trés, iii gerbes form.

Ensuite vient le battage du blé. — Souvent pour ce travail on prend des Bocains (habitants du Bocage, pays de Vire). On fait des marchés avec les batteurs.

Marchié fait ovecques Card st Varigna et Guillaume Méhault par ainsi qu'ils doivent avoir de batre le setiers de forment mesure de Baieulx trois onzains et leur depens deux heures pour leurs souppers et doivent faire glien et escoussin et metres les mounées : l'an chinq[s] et trois à commenchier huit jours avant la St-Michel.

Marchié fait ovecques Cardot Lecorau et Hervieu Blouet par ainsi qu'ils doivent avoir de batre le setiers de forment mesure de Baieulx quatre onzains pour despens et pour tout et doivent batre de l'orge et de l'avaine à l'équipolent qu'ils guengueront d'argent pour jour à batre au forment, fait l'an chinq[s] et trois et doivent avoir une quarte de sidre pour jour. Ils doivent batre ès granches au saizième boisseau et doivent aider à meller et mettre les mounées et faire par tout glien et escoussin et n'ont point de despens et à venner à des ligiers festes (petites fêtes, patois : ligier pour léger) qu'on ne batré point. Ils doivent la baterie de xu b de poys blancs et ey doivent la barie de huit d'orge et nous leur devons six bois. de froment et sept b. de vêche. fait au jour de l'an.

En 1496, Jehan Riche bat au xvie boisseau, et il battait encore à la St-Germain (30 juillet).

1504. Colin Michel de Couhain et Bauldouin son jen ire doivent batre le forment par vingt sept d. t. le setier et par trois blans le setier d'orge et d'avaine de poys et de vêche et doivent faire glien et escoussin par tout, metre les mounées et aider à chergier les malles et ne quérront point de despens synon quant ils chergeront les malles (fumiers).

1505. Marchié fait ovecques Jehan Graffart de Jeurques (Jurques près d'Aunay) Estienne et Jehan dit Massé de Saint Jehan le Blanc auprès du Plessay (Plessis Grimoult) par ainsi qu'ils doivent batre les formens et avoir le quinzième boisseau et auront le xviie b. d'orge et d'avaine et feront glien et escoussin et aider à chergier les mâlles et metre les mounées et est pour despens et pour tout et auront par dessus le tout chacun ung b. d'orge d'entrée et doivent avoir ung boisseau de poys blans parce qu'ils donneront chacun ung vitequot et auront le xviie b. des poys et veches le tout. fait le jour saint Mathieu xxi⁰ jour de sep⁺⁰ chinq et chinq.

Ils en battirent 54 setiers 261 boisseaux.

En 1506, ce sont les mêmes conditions, ils ont un demi-cent de pesas (paille de pois battus) à se chauffer.

En 1507, ils ont le xviii⁰ boisseau pour le forment et le xviii⁰ pour les poys, orges.... «et ils doivent avoir quelque petit lieu à coucher cest yver.»

En 1509, ils ont le xvi⁰ b. et «ung pot de sidre chacun jour.»

En 1512, ils ont le xv⁰ b. et «ung b. de froment d'entrée.»

En 1519, «ils ont le xviii⁰ boyssel et eront (patois, auront) ung bouesel de forment d'entrée.»

En 1515, ils battent au «vintième bouesel des formens, orges, avaines.»

En 1528, ils batent au xxv⁰ bouesel.

Vente du blé ou prêts. «Premier jour d'octobre chinq⁺⁰ et chinq. Alain Tillart a acheté sexante b. de f. de Baieulx quatre s. le b. et est du labour de cyens à livrer devant Nouel.»

En 1497. «Jehan Calbrie a acheté cent b. de f. du labour de la Granche, cent b. du grant grenier et chinquante du petit grenier et ne doit rien avoir oultre le cent par le prix de trois s. le b.»

Tous les ans il y a du blé *presté* dès le mois de février, ou de l'orge ou de la vèche ou des pois; nous en avons parlé. En 1503 «presté ung boisseau de forment Arques de ii s. sur une nape qui vault viron iiii s. — Libore (1498 avant Pasques) doit six boiss. de forment de iii s. vii d. le t. et a baillié ung brevet pour xii b. de chinquante quatre sous, aporté par la Piquarde.» — Il prête, immédiatement après le brevet, vi b.

Prix du blé. — Nous commencerons par le prix officiel, qui règle le paiement des rentes et fermages à la St-Michel : le prix est toujours celui du boisseau mesure de *Baieux*, à moins d'indication contraire.

En 1473, «valet forment mesure de Baieux sept s. et demi et huit s. t. — en 1474, 6 blans. — en 1476, 2 blans, onze blans et douze blans. — en 1477, chinq souls et chinq s. et demy. — en 1478, ix blans et dix blans. — en 1479, six blans et trois onzains. — en 1480, six s., vii s. et demy et huit s. le bon. — en 1481, xii et xiii s. le b. — en 1482, ix s. et x s. à la Toussains et en esté huit s. et ix s. à Baieulx.

Voici les prix débattus entre l'acheteur et le vendeur, et variant un peu suivant la qualité. — Nous donnons toujours le prix du boisseau, mesure de Bayeux.

En 1496, en près Pasques : viii blans et iii s. iii d. — En 1497, en près pasques à la my mai, iii s. et iii s. x d. et x blans. — en juing iii s., iii s. iiii d. et quatre s. vi d. — à la St-Nycolas d'yver : viii blans et iii s. ix d.

En 1498 — en juillet — iii s. vi d.; avant Pasques iii s. vii d.

En 1499 — avant Pasques en mars : x blans, iiii s. iii d. et vii blans.

En 1500 — en octobre ii s. vi d.; vi blans; xiii s. le setier; plus tard en février avant Pasques, cinq s., six s. et après Pasques vii s., viii s. ii d., x s.

En 1501 — à la grand Pasques x blans, à la Penthecoste, iv onzains.

En 1502 — au moys daoûlt, iv s. iiii d., à la St-Michel iiii s. x d., à Nouel iiii s. viii d. — à la Marchesque (25 mars) vi s. iii d.

En 1503 à la marchesque vi s. — et plus tard iv s. et mesure d'Arques iv s. iii d. et vi s.

En 1504 — le b. Baieulx pour cest an est de cinq souls et le b. ancienne mesure pour ledit an est de viii blans.

En 1505 en octobre : mesure d'Arques, viii s. v d. — à la St-Martin d'yver, mesure Arques, iii onzains; le samedi de Pâques fleuries, iii onzains.

En 1506 — en mai iii s. viii d. — puis v s. vii d. — En 1508 en décembre, iii s. iiii d. et iii s. — En 1509 en juin iii s. iiii d. — En 1514 à Pasques iiii s., a Nouel iiii s. — En 1515 le lendemain de St-Gabriel (en octobre) iii s. iii d.; à pasques 1516, vi s. iii d. — En 1518 à la Saint-Pierre v s. ii d. — En 1519 avant Pasques ii s. — En 1522, le blé est très cher; en may, mesure d'Arques xii s. vi d., le 14 juillet xvii s. v d. le 4 juillet xv s. vi d.; en may, mesure de Bayeux xvi s. vi d. — ung b. de vannure (ce qui reste, le blé criblé) comble, viii s. — En 1523 en may viii s. vi d. — En 1526 à la St-Jean-Baptiste iii s., à la St-Germain iii s. vi d. — En 1528 à la Ste-Agathe ix s. — En 1529, à Pasques, viii s. vi d. le b. Areques; à la Trinité ii s. (?). — En 1534 à Pasques fleuries x s.

Prix de l'orge. En 1494 xx et xii d. et six blans. — En 1499 avant Pasques en mars xviii d. En 1501 avant Pasques xxviii d. et iii s.; à la grant Pasques xxvi d. — En 1509 en juin xii d. En 1515 à Ronesous, v s.

vi d. — En 1518 à la St-Pierre : iii s. — En 1520 à Noël v s. vi d.; en mars v s. — En 1521 (15 avril) vii s. — En 1522 (1ᵉʳ mai) x s.

Prix de l'avoyne : En 1522 en mai iii s. vi d. — En 1499 avant Pasques xviii d.

Prix des poys blancs : En 1495 le vendredy de Tenebres iii s. — en 1499 avant Pasques iii s. — en 1501 en mars viii blans. — en 1503, x blans. — en 1505 à la St-Martin d'yver, le b. Arques ii s. — en 1528 à la Ste-Agathe viii s.

Prix des poys gris. — en 1499 avant Pasques : xxviii d.

Prix de la vèche (vesce) : en 1495 avant Pasques xxvi d. et vi blans.— en 1497 après Pasques xxvii d. — en 1499 avant Pasques iii onzains. — vi blans — xxviii d. — iii s. — en 1501 avant la Penthecoste, iiii blans.

Prix du quenivieulx (chenevis). — En 1505 : viii blans et iii s. iiii d.

Les faives (fèves) en 1497 valent huit blanes le b.

On vendait aussi la paille. — En 1478 «ung quart de glieu (paille de blé très bonne et soignée) valet cinq blans.» — En 1497 avant Pasques et en 1498 après Pasques jusques en aoult» on vendait les *estrains* (paille de blé moins soignée), le prix n'en est pas fixé — et ce qui était encore inférieur, les *formentas*, mélange de vaupal (balles du blé) et des pailles brisées, se vendait aussi et de même les *pesas, vechas* (paille de pois et de vesces battus); le tout avait peu de valeur.

9° *Culture du l'oyde, ou Guesde ou Pastel;* la feuille donnait la teinture d'indigo. — Marchié fait ovecques Guillaume de Verson par ainsi qu'il doit fouir une enrieure de faveril (champ où on a récolté des fèves) contenent viron demye accre de terre ès sept vergées et demie sur le chemin de Baieulx, cercler, et cultier troys fois et pelloter, le tout faire prest bien profitablement à ses despens, réserve qu'il aura une heure à chacune des trois ceulletes parceque nous le devons charier et piller, et le tout par le prix de xx s. et huit b. de f. de Baieulx et a eu ung karolus pour le vin. Item il doit fouir l'autre enrieure vers Baieulx par xviii s., ung b. de poys et une potée de faives pour despens et pour tout (1499.)

Yvon Mauger doit cercler les voydelles des six acres par xiv s. et ii b. d'orge pour toutes choses.

Jehan Riche et Guillaume de Verson doivent fouir à voyde deux enricutes d'orgueil de viron trois vergées et demie et le doivent fouir cercler et ceuller et pelloter tout bien faire profitablement et nous devons bailler ung varlet, une charete et nos chevaux pour le mener au moulin et piller par le prix de quatre l. cinq s., deux b. de f. et nous devons quérir trois heures et trois ceulles, quant ils cuidront, ledit voyde. fait l'an cinq° et trois le premier jour de mars.

Voydes allou.'s en Janvier cinq cens vingt cinq. — Mad.r Heute la plus grande enrieure des deux accres de dessus le grant chemin à fouir, cercler et tenir nète à cuillir et peloter à toutes les cuilles et le tout à ses despens, réserve qu'il aura ses despens en cuillant et pelotant seullement par le prix de xx s. et trois b. de f. pour toutes choses.

Comme tous n'avaient pas de moulin à voyde, ils apportaient le voyde en pelotes au moulin du seigneur de Cairon et ils étaient payés, quelques-uns avaient reçu de l'argent d'avance.

En 1494 «Germain Le Baillif a eu xx s. t. sur son voyde le desrain jour de juin. Reçeu dud. Germain du premier jour d'août cinq° quarante et une pellotte de voyde.

Le moulin à voyde pressait ou pilait les pelotes et on le vendait en rondelles.

Girart Le Crosnier a acheté nostre voyde par xii s. vi d. la rondelle; il y a eu sexante et dix neuf rondelles, qui vallent en somme xiii l. vi s. v d. — En 1505 L nglovs a acheté nostre voyde par le prix de xiii s. six d. la rondelle et l'a levé la velle de la Trinité et a eu trente sept rondelles qui valent xv l. iii s. et en doit bailler brevet. — En 1507 en janvier «Perrotte l'a acheté par le prix de traize livres quinze soulz et y en eut trente deux rondelles et n'y avait que les moulages seulement. — En 1510 il y en eut 60 rondelles à douze s. — En 1494 Regnault Collet a eu xx s. t. pour deux rondelles de voyde; Jehan Collet me doit une rondelle de voyde dont il a eu dix s.; receu de Jehan Collet une rondelle de voyde, mis o le nostre. — En 1533, le voyde vaut xvii s. vi d. la rondelle.»

3° *Les Pommes et le Cidre.* — Dès la Pentecôte l'argent était prêté sur les pommes, qui étaient livrées à la saison. Tous les ans nous retrouvons ces titres : Argent baillié sur les pommes : Pommes receuls; en 1507 et 1512 nous lisons : pommes, poyres et verjus receux; et toujours on ajoute : les pommes valent tel prix le boisseau, mesure de Baieulx.

En 1474, elles valent vi d.; en 1494, 1s. v d. et quatre blans; en 1499,

vi d. et les quatre bisseaux par dessus; en 1500, ii s. vi d.; en 1501,
vii d.; en 1502, xiii d.; en 1503, xii d.; en 1505, ii s. et vi blans; en
1506, xv d.; en 1507, ix d.; en 1512, xv d.; en 1515, xv d.; en 1517,
xvi, xviii et xx d.; en 1519, xii d.; en 1521, vi d.

Voici le prix du cidre :

En 1474, une pipe de cidre, xviii s., en 1475, quatre tonniaulx de
sidre sont vendus par le prix et somme de xii l. t.; en 1495, une pipe de
cidre coûte lxxv s. et Guillaume Gillet a cacheté deux tonniaulx de sidre
onze l. xv s. et Gires a acheté ung tonnel de sidre cent xv s. — En 1502
le tonneau coûte quatre livres xii s. vi d. — En 1519 ung pouchon de
sidre coûte xxvii s. vi d.

Jehan Marie a acheté chinq tonniaulx de sidre qui luy coustent xxvi l.
et il tient fort à xxv l. et fust conclu à xxvi l.; mes il dist s'il ne poret tout
despescher qu'il en lesseret deux tonniaulx, l'an mil cinq cens et xvii le chinq⁰
jour d'avril. — Il a levé ung tonnel qui tient bien ix roadelles.

Jehan Du Cussy, de Lanteul, a acheté ung tonnel et une pipe de sidre
sept l. t. et six messes que son fils doit dire l'an mil cinq cens et xvi le xxvii⁰
d'avril — le tonnel vault quatre l. xii s. iiii d.

Marchié fait ovecques Jehan Graverent de quatre tonniaulx de sidre et
est pour tonnel lxii s. six d. l'an mil cinq cens et xix à la Sainte Aubne. Il a
levé deux tonniaulx sur quoi il a païé chinquante huit s. ix d. et demeure
sa charete en gage pour xxxvi s. iii d.

Le sieur de Trois Roys ès faubours de Baieulx a acheté six ou sept
tonniaulx de sidre par le prix de sept l. le tonnel, l'an mil chinq⁰ et ung
en moy — Aliain Tillart a acheté deux tonniaulx de sidre par douze l.
dix s. t. et en a levé ung tonnel, sur quoy il a baillié cent s. dont il a baillié
six gros de Savoie pour ix s. qu'il a promis reprendre et fournir le prix...
(à la fin de son compte) resteroit trois s. iiii d. pour la tare des gros (1501).

4° *Bois, pépinières, fossés, jardins.* — Marchié fait ovecques Colin
Quenchie par ainsi qu'il doit arracher tout le bois et chuques du fossé d'entre les jardins de ceyns et unir la plache preste de planter et doit avoir
toutes les rachines et chuques (souches) et doit poier xx s. et six journées
de luy et de son fils et le tout faire à ses dépens (Toussaint 1500).

Marchié fait avec Prodomme, etc. par ainsi qu'ils doivent faire chinquante
deux perques de fossé de quatre piés de lay et troys reus (rangs) de plante
et tout recevrer (recouvrir) le tout bien profitablement et à leurs despens
par le prix de ung setier de forment et six l. t. pour toutes choses et en
est le vin beu du gras lundy mil cinq cens et dix neuf.

v° xxii en mars. — Les fosseurs d'Audrieu ont alloué à relever les
fossés de la bergerye par vii d. la perche et leurs despens, c'est assavoir

à desjuner chscun Lomme ung pain et une carte de sidre, à disner du pain, du potage, des feves et du charet (?) et troys à troys ung pot de sydre et le soir il couchent à la bergerye et auront chacun ung pain pour leur souper et un pot de sidre pour tous ensemble.

v° xxiii. Les fosseurs de Brouay ont r'paré le fossé du pray de Brouay par xi d. la perque et leurs despens et en ont fait sexante et huit perques sur quoy ils ont eu xii s. Massiot et son frère ont fait xxi jours à couper la haye à vi d. pour jour. — Mémore que je perche le fossé du pray de Brouay et n'y a que iiii° iiii perques.

Bourgoys a aloué à réparer les fossés par iiii d. la perche et a eu xx d. de vin.

En 1519 «Guillemin a fait deux cens de fagos de x d. le cens». En 1473 Villa Riche doit faire ung millier de fagoos par deux onzains le cent.

Estienne Mauger doit entretenir la pépinière nette d'erbes et fiens et entretenir en cloture, réserve des fossés et doit eslêtier les pépins, reserve le gros geton qu'il ne doit point eslêtier cy non cil y avoit getons en la terre et doit tenir une allée au millieu et deux au long des fossés toutes nettes d'erbes, le tout jusques à ung an révolu par le prix de trente s. et deux b. de forment et doit une journée par dessus. fait l'an iiii° iiii°° et dix neuf le xx°° jour de février.

Vente de bois : Achaté par Raulin Lenepveu et Jehan de la Crois de Thommas Symon et son frère, curé de Saint Ouen de Caen, demeurans en la parroisse de Quehengnes (Cahagnes) une troque de chênes où il y a lxv tous de grant essence sans les petis et estompelles qui se montent viron sesante xii ou xiii chênes par le prix et somme de douze l. pour toutes choses tant pour dix°° que pour tout et en ont beu chinq s. de vin et trois s. despensés d'autre part. Présens de Freval, de Vauvreyes et plusieurs aultres, fait l'an mil iiii° iiii°° et quinze ès petis feriers de Noël — Pour la disme du boys xxii s. ii d.

Jehan Delaunay et Jehan de Vauvrecyes doivent abatre lxviii chesnes à Quehangnes chieulx Thommas Symon par dix s. t. et chinq s. à la voulenté l'an iiii° iiii°° et xxi en avril.

Bois à brûler : Sortes a achaté deux périers par le prix de chinquante s. dont il doit guengnier xx s. (1500). — Quesnel a achaté deux pommiers secs par quinze s. t. quatre messes et trois journées ; mise. Quenchie, deux prunics blans et ung pommier sec par douze s. ii d. et quatre messes — Gringoire Gervaize a achaté ung périer dont il doit guengnier xii s. xi d. et baillier six blans. — Jehan Goulle a achaté ung périer qu'il doit aracher dont il paira xii s. six d. et doit faire deux tronches, une de chesne, moytié en ez et moytié en sachis, et l'autre, trois quartiers en ez et ung en sachis.

5° *Carrières, Pierre et Marne.* — Marchié fait ovecques Colin Quenchie et may par ainsi qu'il doit descouvrir une perque de carrière..... et la mener à ligne en suyvant le front de l'autre carrière et en doit vuyder les terres et marnes et cauchius hors les dites carrières sans empescher la venue des charetes et entirer le callou et metre en plache le tout tiré jusques à chien par le prix de xxv s. et quatre b. de f. et ung b. de f. à la voulenté pour toutes choses. fait à la St Martin d'yver iiiie iiii^{xx} et dix neuf. — Lorens de Quenchie doit descouvrir une perque de carrière et tirer le callou que (comme) Colin en toutes choses par le prix de trente chinq s. et lésmonde d'ung fresne et d'ung horme oveques deux b. de f. pour toutes choses.

Colin Dubois doibt descouvrir la marne de la perque que Michault de Quéron a descouverte et vuyder dehors et découvrir la banque de terre vers Bayeulx..... et tirer de lad. banque et perque toult le calou jusques au quien et toute la marne et terre et tiens dehors de lad. carrière, sans rien empeschier, c'en fait par chinquante s. t. et ung b. de f. pour toutes choses; sol. (soldé) le b. de f. item ung b. de f. de iii s. six d.; quatre^e iiii^{xx} dix huit le xviiie jour de may, lad. marché fait et le blé balé.

En 1499, Guillaume de Verson doit tirer cent charetées de callou par le prix de quatre d. la charetée. Il a eu six d. pour le vin.

6° *Journaliers*. — Journées à fouir à nostre pr? à ix d. pour jour : tel est le titre d'une page pour le travail de Noël 1495 au mois de juin 1496, et en réalité on les occupe à toute espère de travail. — Jehan Colet a fait deulx jours et demy : il a eu six blans; à la marchesque (1523) Martin gagne ung liart par jour; en 1501, Perrin Piquot a eu sur vii journées qui valent xv s. t. — Agnès a fait douze jours à touzer (tondre) : elle a eu ung b. de f. de iii s. x d. — Elisine, femme Jehan Riche, dit avoir fait saize journées à la Penthecouste, elle a eu ung b. de f. Arques de quatre s. six d. (1503).

Guillaume Vallée doit besoigner siens à faire se que l'on vouldra par six d. par jour (1528) — c'est le prix des fosséurs. Richart Laurenché est loué depuis le jour S. Samson (vi^e jour d'août) jusques au dernier jour d'aust par xxv s. pour toutes choses.

7° *Gardiens de bestiaux*. — Le xxviie jour d'appril en près l'asques l'an mil v^e xxxiii. Denis du Mesnil de la parroisse de Quehengues (Cahagnes) a huit bestes aumalles en garde. qui sont troys géniches brunes, troys géniches blanches et noires, une géniche rouge et un tourya (taureau) blanc et noir et doit avoir de chacun chinq s. qui est pour les huit bestes quarante sous. Il a eu xx s. Il a ramené quatre des viaulx et en a encore deux géniches, des porciaulx, et six escuelles d'estain prestes.

v^e xxxii. — Il a esté mené en la maison de Denis du Mesnil à Bricsart (Briquessart, Livry) vii bestes aumalles dont y a ung bœuf et ung touryau et x géniches et doivent couster quatre s. piche (pièce) et ont tous les orelles gauches fendues. — Il a ramené les bestes.

1ᵉʳ xxvi. — Il a esté baillé à mener aulx herbages à Raoulet de Sᵗ Guille de Tessel (?) dix bestes dont il y en a six noires qui sont cinq femelles et ung touryau, deux rouges qui sont ung bouviau et une géniche, deux blons et noirs qui sont ung touryau et une géniche et ont tous l'oraille gauche fendue et doivent couster quatre s. piche. Présens..... Charline nostre cambarière.

VII

OUVRIERS DE MÉTIER.

1° *Les Maçons.* — Pour tailler la pierre. Marché fait ovecques Olivier de cent é demy de carrel (pierre dure pour les coins ou angles) en blot trente deux piés en deux blos, par trente cinq s. le cent (1494).

Regart fait ovec Symon de Quenchie et Colin Duboys par ce qu'ils ont balé du carel tout converty en coing quatre vingt et trois coings, fait le mecrely de devant la saint Michiel. Ils ont fait chacun trois jours à la carrière, il y a eu vii escliers. — Ils ont eu chacun quinze s. six d.

Prix de la journée : Les journée des machons..... sont à xv d. t, pour jour, pour achever la logue du bout de nostre grange et doivent faire le degré (le pavage) par leur marchié à xv d. pour jour et donner chacun un jour par le dit marchié, fait le jour saint Nicholas d'yver iiiˣˣ iiiˣˣ et xvi. — En 1497 Quenchie a fait à machonner cinq jours et demy jour, qui valent six s. (le travail étoit en hiver). — (En 1499) xvi jour de juin les machons travaillent aux degré et retrait, ils ont xviii d. pour jour; l'un d'eux Grégore Gervaise n'a eu que xxvii s. vi d. pour xxiv jours.

Travail à la tâche. — Construction d'une maison et bergerie : Marchié fait ovecques Jehan Leclerc, Raulin Lair, Symon de Quenchie et Lorens de Quenchie par ainsi qu'ils doivent machonner une bergerie bien et loyalement de quatreˣˣ piés de long de cler, de dix huit piés de lay de cler et de quatorze piés de hault, et y faire deux portes ès gables pour entrer le bannel et deux gerbières dessus lesd. portes, six fenestres et deux huys et les pignons à pointes. Item une maison menable de trente piés de long de cler, de vingt piés de lay de cler, de dix huit piés de hault, deux cheminées, deux dales a menagée, deux huys vo(u)tés et aussi les portes vo(u)tées, huit fenestres, dont une est à entresieul, les pignons à pointes et chapes et se doivent quérir leur despens et nous devons quérir le servise. le tout fait par le prix de vingt cinq livres t., ung tonnel de sidre deux setiers de forment et cent s. t. à ma voulenté et de Jehan Leclerc et doivent commencher après la my mars. Fait l'an m᷄ᵉ m᷄ᵐ et dix neuf, le huit' jour de février.

Marchié fait ovecques Guillaume Maugꝰ (ils sont cinq), etc. pour fornir les machons en deux maisons, l'une de trente piés de long et vingt piés de cler et dix huit piés de hault et l'autre de quatre° piés de long et quatorze piés de hault et servir à faire les pignens et devons quérir les matières en plache et le tout servir de mortier, pierre et carrel en toutes aultres choses à ce requises par le prix de six livres t., ung pouchon de sidre et dix huit b. de f. mesure de Boieulx et deux b. de f. à ma voulenté, l'an m᷄ᵉ m᷄ᵐ et dix neuf le xxm᷄ᵉ jour de frévrier.

Germain Goullé doit charier toute l'erguille (argile) de la bergerie et de la maison menable par le prix de sexante et dix s. t., deux b. d'avaine et du vaupal à notre voulenté, fait le prem. jour de moy mil chinq᷄ᵉ.

Girart Levavasseur a baillé quinze charetées et bennelles de callou. Item dix huit cheretées. Il a fourny un cent de charetées de callou. Item quarante sept charetées, fait à la saint cler mil chinq᷄ᵉ. Il a eu xxx s. vi d. et aussi xxxvii blans.

Mémore de l'ergent baillé ès machons puys aoult (1500). Nous sommes quites de la tache de la bergerie qui se montent trente six l. et deux setiers de f. et ung tonnel de sidre pour toutes lesd. taches avecques les cieulx dont ils sont tous païs.

Construction d'un mur : Colin Quenchie et Lorens doivent faire quatre perques de mur de huit piés de hault par xxx s. et quatre b. de f. pour les despens et pour tout (1495). (En 1496) Marchié fait ovecques Colin Quenchie et Lorens par ainsi qu'ils doivent avoir neuf s. pour la perque de mur que (comme) le premier fait et y en a trois perques et demie dont ils doivent avoir quatre b. de forment et ung pot de sidre pour jour. Cardot Varignon doit servir les machons par trois sous la perque et ung b. de f. et ung b. d'orge.

Pour paver une cour — Marché ovec Noël Regnault de la parrouesse de Fraide Rue de Caen, demeurant près de l'ostel Mabré et Jehan Desrues de la parrouesse de Frenay-le-Pucheux par cen que ils doihent paver en la court de ciens par quatre s. t. la taize qui vault six piés carés chacune tayse et est pour despens et pour toutes chosses et acen commenche devant l'uys de nostre salle, fait l'an mil quatre° quatre vings et quatorze en octobre et est le pié de la taize plus grand que le pié à perque.

Pour blanchir. — Guillaume Chemin a aloué à blanchir la salle et le chélier et les deux chambres de la bergerie entre les roues et toutes les pierres et en tirer les mortiers par le prix de xxv s. et ses despens (1508).

Pour nettoyer après les travaux. — Jehan Riche doit vuyder toute la pierre et cauchins de la maison menable et vuyder les cauchins ès carrières et oster pié et demy d'espès de la terre de la maison le tout par trente s., ung b. de f. et ii b. d'orge.

Meheult doit avoir de faire l'âtre de pavé de nostre callou pour despens et pour tout quatre s. de l'âtre.

Marchié fait avecques Jehan Leclerc pour faire ung gable soubs latte à la chambre Nicolas par le prix de chinquante s. et ung de mes bonnés qui ait servy ou trois blans pour jour à mon choix (1504).

2° *Les Couvreurs.* — En 1480 les couvreurs gagnent deux onzains le jour.

En 1502 Lelièvre doit avoir ung b. de f. et ung b. d'orge pour enchaper et fester la maison de Eudes.

Marchié fait ovecques Benest et Saveur de Saint Lorens par ainsi que i's doibvent couvrir nostre maison nommée la bergerie près les carrières bien et loéaument par le pris de quatre ll. ung soul viii d. t. pour despens et pour toutes chosses et leur devons quérir ung serviteur à leur pourter le glieu hault chacun jour et y sont comprins chacun deulx jours qu'ils ont faics à later et à couvrir, fait le tiers jour de may mil ching cens, présents mis¹ Jehan de Caron et mis¹ Jehan Perrotte prestres.

Marché d'ardoyses. — Marchié fait ovecques Martin et Hilaire dits Hue de la parroiese de Villy par ainsi qu'ils nous ont vendu dix huit milliers de pierre d'ardayse à cheville bonne et ce par le prix de dix sept s. six d. t. le millier qui est en somme quinze s. t. et obligé par corps et ce fait l'an iiii⁰⁰ iiii⁰⁰ et quinze le xxvi j° de décembre.

Baillé pour l'Eglise de Brethevifle sexante s. pour troys milliers d'ardayse.

3° *Les charpentiers et menuisiers.* — 1497. Marché fait ovecques Jehan Goullé et Jehan Halé par ainsi qu'ils doivent doubler et asséer tous les sommiers, filles et roues des deux estages, tant hault que bas de toute la maison du bont de la granche du jardin et doivent doubler semblablement le hault de ma chambre, le tout par le prix de trente s. t., ung b. de f. et deux messes. Fait l'an iiii⁰⁰ iiii⁰⁰ et xvii le xx° jour de juing. J'ay baillié dix s. t. à Jehan Goullé sur lad. tache quant il fust ès roues le desvain voyage... Item baillié quatre s. pour une lime.

1499. Jehan Goullé a aloué à cherpenter et lever luy et ses gens ovecques nos serviteurs à luy ayder à lever une maison à dix lycisons de cent piés de long et sera à avantrefs ovecques deux lys et une porte en sasilles et aura dix huit piés de cler lad. maison le tout cherpenter et lever bien et profitablement par le pix et somme de sept l. dix s. t. avec ses despens. Item il doit lambroesser le degré de la maison neufve et quérir et rendre le boys cyens l'acheriage à ses despens oveeques l'uys de la despense à és, à creste oveeques les fenestres du degré et despensse par le prix de chinquante s. t. et ung bonnet oveeques les despens, fait le jour saint Nicolas d'yver mil*IIII* et dix-neuf. Nous luy avons vendu et livré deux chevaulx, ung à poil gris et l'autre à poil brun, par le prix de six l. t. et une sepmaine de tour harnays. Baillié à Jehan Goullé deux s. pour aller à Caen. Item deux s. baillié à Martin pour sa hache. Item dix s. bailliés à Martin pour aller ès neuselles de son frère. Quinze s. quand il fust à Lyvarot. Chinq s. t. au pardon de la Marchesque qui fust à Boizulx... Chinq s. à la nouvelle messe... Dix s. à Martin quant il espousa... Chinq s. à Germain à la fère (foire) de la Trinité..., xx s. à la fère S. Michel.

1502. Marchié fait oveeques Jehan Goullé par ainsi qu'il doit faire cent et demy de roues de la sorte qu'il convient à la bergerie qui est viron de sept, huit et neuf piés de long les deux pars d'ung pié de face et demy pié de hault et tout à vif crest clouplaulx et batays par le prix de trois blans pièche et quatre b. de forment pour tout et devons avoir cent et six pour cent. Fait le xxx° jour de moy mil chinq° et deux. — xv roues de xvm d. pièche pour ma chambre; m files de xv s.; ii sommiers xv s., dix s. pour celuy qui a assemblé les roues.

Marchié fait oveeques Jehan Goullé par ainsi qu'il doit faire chinq huys dont quatre seront en quaeilles et ung à double joingt et toutes les fenestres à double joing et ne doit point faire les croizies à la maison neufve, par le prix de trente chinq s. et deux b. de forment et une quarte de sidre pour despens et pour tout. Fait le xiv jour de novembre chinq° et trois. — Marchié fait oveeques Jehan Goullé par ainsi qu'il doit faire les sommiers et roues jusques à la chambre Nicolas de boys ront et les assoir au premier soliers. Item il doit quérir trois sommiers et trois filles de chesne qu'il doit paier et doubler la chambre Nicolas de deux estages hault et bas des roues de chesne de cyens; le tout par le pris de six l. dix s. et ses despens pour toutes choses, fait l'an et jour dessus dits.

Mennisier. — 1498. Marchié fait oveeques Richard Hervieu demeurant à Caen par auxi qu'il doit faire la porte devers la rue et entretoyse eu par my eu cassis et eu boutée tout à meneurerie et barrée en croizie bien et profitablement. Item ung banc à deux coffres de dix piés et quatre lyons et quatre escuchons et marchepié. Item ung contre huy à hès à creste, et deux huys et au hault à clerevoys et espiz, tout par le prix de quatre l. v s. pour toutes choses... Il a fait chinq journées lendemain de la sainte Croix en septembre et doibt guengner chacun jour, quant il est à journée, vingt deulx d. t. — Baillié par moy deux s. vi d. à celluy qui a fait lez lyons pour led. Richart. — Il a baillié une table et ungz traîtiez (tréteau) et une chaire à barbéer, du viron xxv s. t.

Richart Hervieu de Caen doit faire les deux croizés de la chambre mon nepveu Nicolas de bon boys bien sec, par le prix de quarante deux s. six d. t. (1503).

1500. Marchié fait oveecques Richart Hervieu menenrier, par ainsi que luy et Jehan Goullé doivent faire les portes huys et gerbières et fenestres de la bergerie, et auxi les huys et fenestres de la maison menable à *is et sachiz* (ou châssis, traverses et montants). et les portes à entretoyse, et les barres des portes et huys à double cheville, et les fenestres de la bergerie, chacune à deux ventailles, et la fenestre croizie et les demyes, chacune à trillays et à voirre, le tout bien et profitablement par le prix de quatre livres et leurs despens oveecques chacun deux jours de leur painne, fait l'an mil chinq* à la marchesque.

1496. Achaté par Jehan Goullé du nommé Jehan le Raguenel cent et demy de gistes (grosses pièces de bois) tous à vif crest et sans aubel, les ung de sept et dix piés et demy et demy pié de hault et les deux pars d'ung pié de fache par dix d. t. la pièche, et auron cent et quatre pour cent et a eu chinq s. dessus led. marchié et six blans despensés pour vin. Item x d. t. pour le denier à Dieu. — Jehan Goullé a aloué à doller et rendre tout prests au pié du boys ledit cent et demy de gistes, le tout par xv l. et trois b. de f. de Baieux et doit faire et contenter led. marchand.

Maisons et moulins à voyde. — 1502. Marchié fait oveecques Jehan Goullé par ainsi qu'il doit desendre le boys de la longe chambre et doit cherpenter une maison à quatre lyeisons à double sablière et doubles fillières, et lever toute preste de couvrir et doit quérir le boys d'une reue de moulin à voyde toute neufve et tout boys sain, et la faire preste de piller et doit mètre deux courbes au moulin de Putot, et rebarrer et habiller les dens, et doit entretenir le moulin de vers Putot pour cest an présent et quérir les tampons de chesne jeune et sain, le tout par sept l. dix s. t. et ses despens et les gens de la levée, et devons achérier le boys dud. moulin. Fait l'an mil chinq* et deux le desrain jour de février. Ladite maison de l piés de cler de long et dix huit piés de cler de lay et trois gables. — Thomas Martin a vendu tout le boys du moulin à voyde, pilles et tampons par quarante chinq s. et ung b. de peys... Il a vendu ung tref d'ung grant pié de face à vif crest pour ma chambre de xv s.

1494. Marchié fait oveecques Lorens de Vauvrechies et Jehan Delauney d'une part et moy d'autre, par ainsi que les dessusdits doibvent faire cent et demy de ez de cœur de chêne de bon bois et sain sans géliveure, toutes d'un quartier, la moytié de huit piés de long et l'autre moytié de sept et d'un grand pous d'espes, et sesente et quinze membreures de trois dois d'espes et de la longeur devant dite, et tout ce le bois de trois moulins à voyde, et le tout livrer en leurs maisons en la parœesse de Quchengaes (Cahagnes), de dens le jour de Rouessons prochain du jourd'huy. Ce fait par le pris é somme de neuf l. dix s. t. et onze bouessiaulx de forment, mesure de Bayeulx, et deuls b. de poies frans pour toultes chosses. L'an mil quatre^{es} quatre vingts et quatorze le saiz^e jour de Décembre et ay brevet des dessusdits.

Pressoir à cidre. — 1494. Cardot Martin de Caumont a vendu le pillage d'un presseur avec les meulles et le doit asséer, le tout par cent dix s. t. et dit led. Martin qu'il y fust accordé six s. t. et ay brevet. — (3 février 1524.) Thomas Martin de St Martin de Caumont a aloué à relever la pille de nostre presour et y maistre deux gantes neufves et faire la moy et le het tous neus, huit courbes de moulin à voyde deux cens de tapin rencourbé et refaire et endempter les deux moullins, s'il en est mestier et le tout de chesne sain et net par le prix de quatre l. x s. pour tout. — Il a eu ung escu de roy de xxxix sous.

Tonneaux. — Le ixe jour d'apvril mil v^e et sept. Thomas Martin de Caumont, demeurant avecques Cardot Martin son père en communs biens, nous a vendu six tonneaulx de sye de boys de chainne et tous sains, leuans chacun tonneau troys pipes, à livrer entre les deux Sains Michés prochain venantes por le prix de cent sous t. pour tout et a fait brevet dud. marché. Il a eu xxx s. le dimenche de la passion... Ledit Thomas a vendu six tonneaulx de deux pipes chacun de sye, sains et nés, enfonssés des deux Lous, ung mouton à presour sain et net, sans noullissure ne géliveure et six courbes de moulin à voyde, le tout par six livres dix s. et trois b. de f. pour tout.

Beffroi. — Marchié fait ovec ques Jehan Bris de Saint Saulveur de Caen d'une part et les trésoriers qui sont Jehan Vasse et Colin de Cardonville, trésorier de Bretheville l'Orgueilleuse d'autre, par ainsi que led. Bris doit dessendre tout le bois dud. befray et led. charpenter, lever et assembler tant de boys neuf que de celuy dud. befray qui y pourra servir, le tout à ses despens fors que lesd. parroessiens luy ayderont à le dessendre et monter de leur paiane seullement. Le tout fait par le prix de quinze l. t., deux setiers de f. mesure d'Arques ovecques ung bonnet à la voulenté de Nicolas de Caron escuier. Fait en la présence dud. escuier Jehan Lenglays et son fils, Jehan Levavasseur, Jehan Quiéfdeville, Denis Goullé. Fait l'an mil ini^eiiii^{xx} et xiii le huit^e jour de septembre. Paié par Nicolas de Caron pour le vin dud. marchié dix s. t. le jour dessusdit en la présence des dessus.dits et e t de l'argent du pardon.

4° Serruriers et maréchaux. — Marché fait ovec Jehan et Michault Sortes maréchaulx, l'an quatre^{es} quatre vingts et xiii en Septembre par cen qu'ils doivent faire les gons et peatures de la porte et huis de dessus la rue par le prix de ix d. t. la l. sur quoy je ay eu quatre gons pesans de xxv l. Item ung gon pesant vii l. sur quoy ils ont eu ung escu au soleil de trente six s. iii d.

1495. Marché fait avec Jehan Catel maréchal et Jehan Lefeuvre par que ils doibvent faire le fermans des fenestres de la longue du boult de la granche, gons et pentures desdites fenestres et huis par sept d. et maille la livre ou huit d. et ne payeron rien de la traizième livre. C'en fut à la septembresse (Nativité Notre-Dame) iii^c^xiiii^xx^ et xv.

1500. Les maréchaulx doivent faire les ferreures des fenestres, gons et pentoures par le prix de sept d. ou sept d. oboles.

1501. Marchié fait avecques Jehan Sevestre par ainsi que les portes huys, gerbières et fenestres tant de *la bergerie* que de la maison mainable pour les ferrer et pendre et y faire touroulx et clenques et metre des bendes de fer ès huys ès portes ès touroulx pour garder la paray et doivent estre les pentoures de portes et huys soudées à lieullet les grans pentoures par le prix de sept d'oboles et la petite euvre par vi d. la livre et trente s. pour ferrer et pendre deux croizies et demye. Fait l'an mil cinq^c^ et ung. — Il a baillié cent l. et deux ferreures tout pour portes et huys qui valent lxvii s. vi d. Il a baillié ainsi qu'il dit xxvii s. de petite oevre.

v^c^xxv en février. — Michelot maréchal a aloué à ferrer et entretenir en ferreure tous nos chevaulx pour ung an entier à commenchier le xviie jour de février v^c^xxv et finissant à semblable jour par le prix de dix s. pièche et ung bouesel de poys blans sur lad. anée et y a xi bestes, qui sont huit chevaulx, deux jumeas et la mule et n'est point le capon (?) du conte ni de la louage.

5° *Tailleurs.* — Au compte de la M. de la Couronne, 1523, trois couturières pour une journée ont x s. — Dans les comptes des domestiques deux d. pour la fachon de sa jaquette, 1480. — Deux s. pour la fachon de sa robe et la doublure. — xv d. pour la fachon d'un chapron, 1481. — ii s. pour la fachon de sa robe (robe à homme), 1480. — iiii s. pour la callobre (vêtement sans manches) et sa fachon.

1530. Robin Bertre, cousturier de la parroisse de Secqueville, a aloué à faire nos abillements de quelque faison que les vouldrons faire tant pour Saint Germain, ma femme et moy par troys s. pièche (la pièce) et ceux des enfans sousagés ou batars par xviii d. pièche.

6° *Selliers.* — 1499. Nicolas le scellier a fait ung coussin et la renge et tetière de bride au mullet par xvii s. vi d. t. Il doit faire la selle au mulet et deux paire d'estruyères doublés dont ung sera hongrie et ungs senglies, croupière et petral par trente s.

7° *Tisserands, telliers.* — 1506. Guillemette a fait cinq jours à touser, elle a eu xx d. — Marion a fait vi jours, elle a eu cinq soulz.

1497. Marin Eude querdeur a près de lx livres de laine à filler, dont il doit avoir huit deniers de la livre. — 1506. Guillemette la Ferresse, deux jours à batre la laine. Item deux jours à filler au rouet. Item trois jours au gris.

1528. Belin de Cully a alloué à carder par quatre foys xl livres de laine dont il y en a xxvi en pers à xii d. la livre, deux livres en rouge et deux livres en vert, le rouge et le vert à iii s. la livre et à filer et à tiètre, et faire tout prest de maistre au foullon par le prix de xviii d. la livre pour tout.

1494. Les filleresses à la tramme ont baillié ix livres de tramme, soldé vii s. vi d. Ils ont emporté xx l. en drap et en tout et est l'escarlate. Ils ont emporté xx l. de laine perse pour la mygrainne et en ont ix d. obole de la livre.

A la St Jehan v°xxviii Pierre Sourdoys a fait dix aulnes de serge de fil de linge et de laine de deux aulnes de large et y avait xii l. de fil d'estoupe et xviii l. de fil de lainne et a eu xviii d. pour aulne de façon et le foulon qui les a foullés a . vi d. pour aulne.

La femme Rauh. Venepveu et ses filles ont fillé onze l. estoupe de cinq ou six d. la livre. Guérarde de Verson deux l. de lin de trois blans la livre. Une livre de chambre de xii d.. Trois livres d'estoupe de v d.

L'an mil v°xxvii le xxv° d'apvril, Symon Le Personnier, de la parroisse de Brouay du mestier de tellier, a aloué à faire six doubliers et six douzaines de serviettes le tout à œuvre de petite venise, les doubliers de troys aulnes et demye de long et de cinq cartiers de large, et les serviettes de deux tiers de large et de une aulne juste de long, et doit avoir des six doubliers sexante et dix souls par prix fait et de chacune aulne de serviettes dix huit deniers. Il a eu ung escu au soleil de quarante cinq s. Il a fait quarante aulnes de fine toille de x d. aulne sur quoy il a eu une ma(i)lle de xxiii s. — Il a eu de l'aune de fine telle x d., et de grosse et de l'aune de serviettes sans œuvre vi d.

v°xxviii. Je doys à Guillaume Bourdon marchant de soye cinquante deux s. vi d. pour vii aulnes de futaine à vii s. vi d. l'aune. Item xxxv s. pour deux aulnes de satin remege, qui est parmy le tout iiii l. vii s. vi d. le jour St Symon et Jude.

Le drap à vi blans l'aulne (1496) pour les domestiques et xxxv s. pour M. de la Couronne. — 24 d. pour ung quartier.

Le drap burel, vi s. pour demie aulne; xii s. vi d. pour deux aulnes; vii s. vi d. ung tiers pour ung bas de chausses. — viii s. pour aulne et demie.

Le gris, xii s. pour deux aulnes; ung quartier et demy de violet de ix s. La telle coûte viii s. i d. les trois aulnes, xxii d. l'aulne.

1528. Martin de Caen a aloué a'abiller quatre vings livres de laine, c'est assavoir quarante livres de blanche à faire un blancet de trame et d'estam et l'au-tre de quarante livres en gris et doit faire l'estam carder et filler tout prest de maistre au mestier par dix d. chacune livres et à ses despens, réserve qu'il tirera siens l'estam (étamine) et je luy donne ses despens en le tirerant.

VIII

DIVERS PRIX.

Impôts. — Delamare (1503) doit sept^{xx} six l. xi s. vi d.; les enchières mises par nous se montent à deux^{cc} ix l., le taux xii l. dix s.; pour le xiiie ce doit être x l. (?). — Pour le xiiie, v. au prix de la terre les enchières de xiii vergées et demye de terre.

Fief. — V. l'achat des fiefs de Coiron et de Cardonville.

Terre. — Prix de vente : citons quelques exemples vers 1498 :

Une vergée et demie à xme est vendue lx s. et xii d. de vin;
Ung quartier de cinq vergées, franche et à dixme, lx s. et ii s. de vin;
Vergée et demie et demy quartier à xme, lxiii s. et ii d. de vin (1518);
Deux accres, iv livres et ii s. vi d. de vin.
Une vergée et trois quartiers et demy quartier à dixme, iiii l. x s. et iii s. de vin.
Cinq vergées, ix l. et iii s. de vin;
Troys vergées, cent dix souls à Secqueville;
Troys vergées à Putot, xv l.
Une vergée, xl. souls;
Deux accres, xii l. et x s. t. de vin;
Demy vergée de jardin, cent souls, v s. de vin;
Une accre, x livres et x s. de vin.

Toutes ces ventes ou à peu près sont à condition de retrait.
Les enchières de xiii vergées et demye de terre d'une jurée faite par Jehan Néel sur mis^e Hervieu Le Personnier se montent cent deux l. dix s. dont est à rabattre saize l. pour xvi boisseaux de forment Baieulx de rente, item xx s. pour une livre de . . . . . et xx s. pour xviii d. de pour port de fieu et partant reste decler quatre^{xx} quatre l. dont le xiiie est du fieu de la Forest, qui vauldret sept l. dix d. et cy nous vient quarante sept l. i s. huit d. pour nos arrérages comprins Pasques de chinq^{te} et chinq (1505) pour deux setiers de f. anciénne mesure en une partie et pour dix huit b. Baieulx, deux guellines, xx ouefs, en l'autre tout d'erréra ges desd. rentes de la doite du Pygouès (le Pégoix) et partant deverions sept l. x d. t. pour

le xiiie et vingt neuf l. xvii s. six d. resteront d'oultre pour toutes choses; qui est en : ne toute trente six l. xviii. iiii d. t.

Prix de ferme. — Il y a des terres à dixme, des terres à champrtt ou campart de l'abbé de S. Etienne, ou à champart des seigneurs de Lisieux, c. a. d. le doyen et le Chapitre, d'autres sont xxx^{es}.

Ainsi en 1474 à Bretteville, 3 vergées xxx^{es}, 1/2 acre, un quart de cinq vergées, demi cinq vergées et 6 vergées sont louées 24 b. de f.

Trois vergées, 1 vergée, demi-acre, une vergée et demie, demi acre, une acre et demi acre et un quart de cinq vergées xxx^{es} sont louées 35 sous t. et seize b. de f.

Deux vergers et deux acres, xxx^{es}, xl. s. t.

Cinq vergées, xx s.; trois quartiers, iii s.; demye acre xxx^{es}, iiii : . e f. cinq vergées, huit l.

En 1481, trois vergées à campart, demye acre à diesme et ung quart de cinq vergées à diesme, xx s. vi d.; une vergée, demi cinq vergées, un quart de cinq vergées, une vergée et demie et un quartier le tout à diesme, xx s. vi d. et une journée de sa paisne. Trois vergées (une partie à campart de Lisieux et l'autre à diesme) iv s. et une douzaine d'alouettes; sept vergées et demye, demi cinq vergées à x^{es}., demi vergée, xx b. de f.; vi vergées à x^{es}, xxii s. et quatre peuchins.

A Cairon en 1525, cinq vergées à la Tombelte, xxv s. et ii guelines.

Rentes. — Elles sont à 10 p. 0/0.

10 s. de rente sont achetés par 100 s. — 20 s. par 10 l. et 2 s. de vin; 6 b. de f. Arcques par 6 l.; 20 s. par 10 l. et 2 s. de vin à condition de raquét. 15 s. de rente par 7 l. 10 s. et 2 s. de vin. 8 b. de f. de rente par 4 livres. — 50 s. de rente par 27 l. 10 s. et chinq s. de vin. 7 l. de rente par 70 l. et 5 s. de vin.

L'an mil v^e xx vii le neufiesme jour de juing devant Lucas Delalande maistre Olivier de Caron vent à maistre Pierres du Val grenetier à Caen xxiii b. de froment mesure de Baieux à prendre sur les d'Estampes pour xxiii l. et xxiii s. de vin, à condition toutes fois.

Baux à ferme de maisons. — 1528. Perrin Le Baillif a prins la granche qui fust Nouel Séeille et le jardin de devant sans les pommes par cinquante s. et deux guelines. Jehan Graveren a prins le grand bout de la granche, la chambre de dessus Benet et la grande estable d'emprés... par xl s. et une poulle; le closet de dessus la mare et le demy quartier par trois b. de f. et une poulle. Margot Goullay a prins le petit chélier où elle demeure et le petit solier par dessus par xx s. et une poulle. — Benet a la grande estable par xx s. et une poulle.

Chevaux. — 1475. Pour ung cheval Colin Ler doit ung escu d'or et une sepmaine de sa paine; ung autre cheval est vendu quatre livres et six b. d'avaine. M. de Magneville en achète un xxxvii l. x s. On vend à Goullé deux chevaux par le prix de vi l. t. et une sepmaine de leur harnays (1499). Le cheval de mis° Quentin Eude cousta six l.

Vaches. — 1531, à la sainte Croix nous avons achaté au marchié de Caen quatre vaches à maistre au pray, qui ont cousté xi l. x s. ou lv s. pièche; 1415 le jour des Innocents pour une exécution faite de deux vaches et vendu à Caen xx d. t. — 1480 Jehan Delaunay a achaté deux de nos vaches qui luy coustent li s. iii d. Sourdais doit xxv s. t. pour une vache vaire.

Veaux. — Nous avons vendu trois viaulx viron douze s. la pièche et deux nourris, fait l'an v°. Il est paié de la dixme. — Graveren est quite des deux b. de f. par la vendue d'ung viau à Pasques (1524). Voir aux dixmes : ung veau vendu 7 sous et 4 maigres de 27 s. 6 d. ensemble en 1477.

Moutons. — Jaquet Thierry boucher de la parroesse de Camilly a achaté sexante et ung mouton par vingt une l. fait à la saint Thommas devant Nouel. Item il demeure six°° dix sept moutons Item dix huit d. t. pour deux espaulles de mouton (1500). Sauveur de Saint Laurens a vendu deux moutons par neuf soulz la pièche. Il a eu ung bouesel de fourment de huit blans (1505).

Cochons. — Christoffe Le Berruier doit six blans pour un cochon.

Chèvre. — Mariette aura chinq s. t. pour achater une chièvre pour sa fille.

Toisons. — Deux touesons de laine de quatre s. la pièche. Marchié fait avec les pelletiers de Vire par ainsi qu'ils ont achaté nostre lainne de cette année présente par huit° chinq l. t. sur quoy ils ont baillié lx l. t. et reste cv l. (1501). En 1519 ils ont achaté onze° trois quartrons chinq pièches de laine par le prix et somme de vingt quatre l. En 1529 trois cens et demi de laine sont vendus lxx l.; lui quartiers par le prix de xxiiii l. t.

Vêtements. — Pour les domestiques 12 s. 6 d. pour unes chausses, 40 s. pour ung parpoint et unes chausses. Une robe à femme du prix de 12 s. et la faire en simple, 4 d. pour une paire de manches; 12 s. 6 d. pour une coste (cotte) simple. Une robe et unes chausses de burel, le tout de xviii s. 9 d. Une robe à homme de aulne et demie de burel de 22 s. 6 d. 15 s. 8 d. en drap pour une robe et unes chausses (de 1478 à 1483).

Pour M. de la Couronne, une paire de chausses neufves drap doubleure et fason xxxv s. — 22 s. 6 d. en unes chausses.

Richard a achaté les quatre quartiers de ma jaquette par xiv soulz qu'il doit gaigner.

Souliers : Pour les domestiques (1473) 33 d. pour *ungs soullés*; 1 paire de souliers de 9 blans; 1 paire de souliers pour femmes 8 blancs; 1 paire de 2 s. 6 d., 3 s. pour Simonne, 7 blans, 27 d. Pour M. de la Couronne une paire coûte 7 s. 6 d. ou 2 s. ou 5 s.

Ceinture : Une chainture, 3 d.

Chapeau : Ung chapel, 2 onzains, 3 onzains, 8 blans.

Bonnet : 18 d., 4 blans, 19 d.

Gants : 7 d. pour ungs gans; 2 paires de gans cerclous (pour sarcler), 13 d. la paire.

Outils, couteau : 12 d., 9 d., 6 d., 14 d.

Truble (Bêche) : 2 s. et 2 s. 6 d.

Serpe : 6 blans.

Faucille : 2 soulz.

Chivière (civière) à rouelle : 5 s.

Van : v s. pour ung van.

Lattes : 2 s. le cent.

Palet : 4 milliers de 5 d. obole le cent.

Cercles : 1497. Une grosse douzaine de sercles à tonnel et une grosse à pipe, par xx s. t. et demy boisseau de poys blans (1511) Mathieu a vendu douze douzaines de cercles de xv piés de long et vingt et quatre douzaines de douze piés et six douzaines à pipe le tout par le prix de lu s. vi d. pour tout.

Saindoux, chandelle. — Vendu à Melcion cordonnier cent dix huit ll. de sain (saindoux) de porc en pot qui valent iiii^xx xiii ll. de net, qui est vendue vii d. la livre, qui vaudrent chinquante chinq s. ii d. parfait le mardi xxiiie jour de septembre iiiie iiii^xx et quinze. — Raulin Desmares nous doit trente et chinq l. de chandelle pour vendition de sain de porc; il a vendu cent livres de chandelles par le prix de cent sous à livrer dedans la Trinité.

Beurre. — Mon cousin de Beaumont a baillé sur sexante et dix livres qu'il doit par obligation passée devant les tabellions à Baieux viron au moys de décembre v^e et dix cinquante livres de beurre fust et lye (ou liens, emballage) de viron xii d. livre. Guillaume de Semily sieur de Sannel a balé le mercredy de devant karesme pernant Deulx potées de beurre l'une pesant trente iiii livres et l'autre vingt huit fust et lie mil chinq^c et six.

Vin. — 1515. Varignon doit xii d. pour une carte de vin.

Vaisselle. — 1481. Mémore des namps de Caron. Ung plat d'estain où il luy a escript moutier. Item une escuelle où il est escript... Item une vieule escuelle où il est escript Pierres Paturel. Item une escuelle où est escript Hardoin qui valent viron VII s. VI d. le tout. Item ung vieulx gril qui vault viron VIII d. et sont instamés (étamés) de lonc temps.

Objets précieux. — Valeur de leur poids vers 1501 :

Une chaîne d'or vendue cinquante I. III s. VII d. (la chainne d'or poyse plus de XXV vieulx escus).

Item deux tasses, ung gobelot, six cuillers, trente huit I. II s.

Item deux grandes tasses vendues.

Une tasse poyse III mars une onche trois gros.

Item une aultre trois mars une onche trois gros.

Item une aultre trois mars six gros, qui est en tout douze mars et demy, qui valent, à XI I. chinq s. le marc. sept^xx I. XII s. VI d. t.

Huit onches au marc, à l'onche huit gros.

IX

MONNAIES.

Au lieu de donner une sèche nomenclature des monnaies et de leur valeur, nous donnerons quelques paiements pour montrer leur difficulté et faire voir le mouvement de la monnaie.

1480. En 1479 Robert Deslandes bailla XI six escus en or et y en avait XI au soleil. Item chinq salus d'or pour XXXV s. la piéce. Item demy noble de XL s. Item III mailles de St Andrieu de III livres. Item demy escu en or. Item III douzains. — Voir le compte avec Girart de Loucelles, aux services religieux. — Voici le compte de Jehan de Loucelles: Jehan de Loucelles escuier a rendu de l'argent qu'on luy avoit presté la somme de XIII livres t. en quatre salus d'or et quatre ducas, la vigille saint Vigor en juillet IIII^c IIII^xx et trois. Il a rendu la somme de sept I. et demye en six malles d'or de XXV s. t. la piéce, le jour des Innocens, soldé VII malles d'or de XVII s. qui valent cent XIX s. Il doit cent dix s. t. prestés le jour St Germain au doien, item ung escu de XXXIII s. et VIII I. chinq s. prestés. Il a paié sur le cheval six escus d'or de trente chinq s. piéce l'an IIII^xx IIII^xx et huit avant Pasques, etc.

1497. Allain Tillart a baillié deux escus au solail d'erres (arrhes) sur nostre lainne qu'il a achatée XXII I. t. le cent et y en a viron VI^c III quartiers et demy. Item il avoit baillé aincor ung escu de roy que je luy a renvoy(é) et n'estoit point de poys et y a demy escu de vin. IIII^c IIII^xx et XVII à la myoult. Receu d'ycellui Allain trente sept escus au solail, dix escus à la couronne, ung réal et ung ducat. Item en monnaye XXII I. I d.

Mis^e Jehan a porté à Saint Jacque chinquante une halbarbes qui sont de la bouete (?) saint Germain. Item dix sept planques et demy, et un gros d'argent de Bretagne et demys gros d'Engleterre et dix onzains. Item demie planque et ung quart de planque et trois lyars.

1492. Mémore que mademoiselle de Beaumont doit LX escus au solail et dix s. six d. t. en monnaye à trente six s. VI d. pour escu vallent cent dix l. t. Item chinq gros de millen. Item j'ai baillié dix sept gros de millen à IX s. VI d. pièche, sur quoy elle baillie ung noble de Henry à LXXVIII s. et ung noble d'Edouart qui vault quatre l. Item elle a baillié XVIII d. et partant reste cent douze l. XIII s. VI d. prestés l'an mil IIIIᵉ IIIIˣˣ et six la sepmaine Peneuse (sainte) et fust pour retirer chinquante deux l. de rente de Chapitre de Baieux. Item II escus solail pour la charète qu'on lui achata. Receu de Robert, le batard de Beaumont, chinquante huit l. en allant à la Guibray mil chinqᵉ ... etc.

1482. Robert d'Estampes escuier sʳ d'Audrieu et du Clos doit XX IIII b. de l. de rente mesure de Baieulx. Il doit vingt escus prestés qui valent XXX francs de quoy il avait XV francs en douzains et les autres quinze francs en XII mailles de XXV (est-ce sous?) la pièche baillés quand Robert fust présenté à la Cure de Pierrepont. Thomas de Hotot escuier, sʳ de Beaulmont le Richard doit XII ll. t. de rente. Paié deulx escus en or qui valent soixante sept s. t. Item ving v onzains I d. par Jehan Véron la vigille Saint-Mor-(Maur). — Jehan le Vicomte, escuier, sʳ de Villié (Villiers), doit cent s. tt de rente, soldé une maille d'or de XXV s. t.

1501. Mémore que le leteurs d'or poyse trois escus de roy de cent chinq s. t. et couste cent dix s. VI d. et est pour Pierres de Loucelles escuier. It. porté par mon frère quatre l. IX s. six d. en karolus quant l'on fust à Vaulx sur Ore (Aure) le mardy devant la Saint Contest (20 janvier) mil chinqᵉ et ung et est le tout presté aud. Pierres de Loucelles escuier. Jean de Loucelles a eu leteurs d'or quand il fust fiancé à Villiés sur Port. It. quarante s. après les fiansailles baillés aud. Pierres. Nous avons compté avecques led. Loucelles par chinquante deulx l. qu'ils nous doivent du temps passé et en avons breset.

Ung escu d'or : 36 s. 3 d. et 36 s. 6 d.
Ung escu sollail : 36 s. 8 d.; — en 1532, 45 s.
Ung escu de roy : en 1524, 39 s.; — en 1501, 35 s.
Ung escu de Bretagne : 34 s.
Ung escu d'Édouart : 4 l.
Ung noble à la rose : 4 l.
Ung escu à l'égle de trente sept s. (1528).
Ung lyon : 40 s. et 50 s.
Maille d'or : 25 s. et 26 s. et 23 s.; — une maille de 22 s. 6 d. (1528).
Maille d'or de S. Inlré : 26 s.

Salut d'or : 35 s. et 37 s.

Angelot, qui n'est point de poys pour xviii s. t., puis il rabat la différence.

G s de Millen : 9 s., 10 s. 6 d. et 10 s.

· gros de 5 blans.

b gros de Savoie pour 9 s. et resterait 3 s. 4 d. pour la tare des gros.

Karolus : 100 karolus sont 4 l. 3 s. 4 d. t.

X

QUELQUES DÉTAILS SUR LES AFFAIRES RELIGIEUSES.

1° *Dixmes.* — Nous avons vu qu'il y avait des terres à dixme, des terres à champart, d'autres xxx^{es}.

En 1496 pour la dixme de 72 chênes, vendus 12 l., la dime est de 22 s. 2 d.

En 1476. Mémore de la dixme de veaulx, 30 s. t. pour quatre veaulx : — ix s. pour un véel.

Dixme des pommes. — Mémore que nous avons pillé huitⁿ b. de pommes dont nous devons la dixme, fait à la Sainte Croix v^{ce} et trois. Item nous avons meslé parmy les pommes de cyens xvi b. de Secqueville, dont nous ne devons point la dixme. 1502.

Règlements avec les vicaires pour la dixme. — Il a esté paié à maistre Jehan Dessillons, vicaire de Bretheville la somme de quatre l. deux s. t. pour sa part de la Messe Nostre-Dame jusques au jour de la Chandeleur derain passée mil cinq^c et deux et est paié par semblable de la *dixme de* traize agniaulx et des vieaulx et des lyns et chanvres (chanvres) du temps passé et ne compton point de sa part de xi s. et de Inviolate de trois ans et demy, qui est jusques à la Chandeleur cinq^c et deux; laquelle somme de quatre l. deux s. t. il a lessée à la descherge de Yvon Perrotte. Fait le xiiie jour de mars cinq^c et deux.

1475. Nous avons paié la dixme de nos pommes, poeres, noncys, ouygnons, vdgs (vergers), cochons, aigniaulx et aussy la dixme des viaulx de Pasques de l'an lxxv, fait le jour saint Thomas devant Nouel et ne comptons que des dismes. — 1477. Mis^r Guillaume désista à chanter ès quatre temps devant Nouël. Nous devons chinquante s. pour chinquante b. de pommes de dixmes.

Mis^{re} (en 1477, il est appelé Maistre) Germain Cauchart doit xi b. de f. de ferme; sol (soldé) huit b. de f. balliés au Saint nérier de l'abaie (cellérier de l'abbaye S. Étienne de Caen). Nous avons paié toutes les dixmes et crois

de pasques jusques à Pasques de l'an mil¹ iiii°°, réserve la dixme des
viaulx dudit an fait l'an iiii°° iiii°° le xv° jour d'apvril après Pasques. Il y
a iii viaulx nourris et ung vendu vii s. t. Item iiii mègres de xxvii s. vi d.
l'ung parmi l'autre. — (En 1480, un de ses héritiers, je suppose) Tommas
Cauchart doit xi b. de ferme. Nous devons la dixme de xxv b. de pommes
ou environ et la migoe (pommes de réserve pour manger) somme pour sa
part huit b. de dixme.

Marché à forfait. — Marchié fait avecques misire Jehan Perrotte, vicaire
de Breteville, par ainsy que pour la diesme des laines de la bergerye et
aigneaulx et aussy pour la diesme des cochons et viogs, je luy donne
chacun an six livres et tandis qu'il sera vicaire. Fait le septiesme jour de
décembre l'an mil v° xviii. Il a eu six livres le vii° jour de juillet v° xviii.
Il a eu six livres v° xxv qui luy ont esté rabattues sur le voyle qu'il a eu.
It. ainsi en 1526 et 1527 et 1528. Il est payé jusqu'en v° xxviii qui lui
sera deu pour tout.

2° *Vie religieuse de la paroisse de Bretteville, quelques détails.* — *a.* Les
confréries : Le testament de Nicolas de Cairon (1530) parle des confréries
de Notre Dame, de St Jean, du St Esprit ; il y a aussi une confrérie du
St Sacrement ; à Putot la confrérie St Nicolas ; et ces confréries ont leurs
terres et leur luminaire, comme le disent encore les testaments.

b. Les offices ; Tous les jours il y avait l'office des Morts, comme en té-
moigne le compte de Simon Flavigny (1479) : il doit deulx s. six deniers t.
de rente. Il a sié une enrieure d'orge à la Fossette : ledit Simon a commenchié leundy de Penthecoste à dire *placebo* et *dirige* (1°° mots de Vêpres
et de Matines) tous les jours par le prix de quarante s. t. fait l'an cccc lxxx ;
l'année suivante il est paié de quarante s. pour une année du *placebo.*

On disait la messe Notre-Dame ; le compte de misire Dessillons, art. des
dixmes, et ceux des prêtres, ci-dessous, nous montrent le sieur de Cairon
donnant à chacun sa part de la messe Notre Dame.

De même pour le chant de l'*Inviolata,* misire Dessillens a sa part de l'Inviolate : Le décrept des ii b. de f. de Grainville donnés pour l'Inviolata
est passé devant Simon Auzères, vicomte d'Evrecy, ès plés de Villers et
Cheulx le septième jour de juillet l'an mil iiii° sexante et quatorze,

c. Les prières, messes et services pour les défunts : En 1477 Guyot
Lorenche escuier doibt ls s. t. prestés à la fin d'aoult iiii°° lxxvii. Item il
doibt chinq escus en or sur une tasse. Item cent onzains prestés au *service*
de son père à deux foys à l'*enterrement et au semel*... Item ils doivent neuf
vings onzains prestés au service de mon frère Guiot, item ledit jour ix s.
Item au semel lx et xviii onzains.

1481. Compte fait entre maistre Job. et Maistre Estienne de Caron soy faisans fors pour Nicholas de Caron, leur frère d'une part, et maistre Girart de Loucelles soy faisant fort pour Estienne de Loucelles escuier son père, d'autre, par ainsy qu'ils doivent la somme de dix livres quatorze s. t. aux dis de Caron et est pour tout le temps passé et doit ledit maistre Girart acquiter ladite somme *en messes* parce qu'il doit chanter tous les samedys de l'an une messe jousques à trois ans et demy pour *les âmes des amys trespassés* desdicts de Caron et lad. temps révolu, led. Maistre Girart ou ses ayans quites de lad. somme, l'oit l'an III¹ IIII²² et ung le jour Saint Jeroisme, desrain jour de septembre, et les dis de Caron quites de ladite messe du temps passé jusques à ce présent jour. — Il doit dix l. presté. Sol (soldé) sept livres et demy, Item sex vins et quatre onzains prestés à l'enterrement de son père. Il a poié III salus d'or et une maille le tout de six ll. x s. t. Item XL onzains et ching s. t. en liars prestés au *senal*. Item presté à mons¹ le doyen (de Troarn) huit²² onzains à l'enterrement de ma seur de Loucelles; item dix s. *ledit jour* en liars. Item LX s. prestés au *senal* de madite seur, item XXVIII onzains au lit jour. Item ils doivent XXV livres t. de quoy il y a XI malles de XXV s. la pièche et une malle de XXVI s. III d. et ung lyon de XL s. et une plaque et sept ll. XVII s. et d. en monnoye, le tout baillé à maistre Girart, quand son frère Jeh. (Jean) fust fait homme d'armes; fait le XXVI² d'octobre IIII²² IIII²² et deux.

1473. Maistre Girart de Loucelles a commenchié à chanter depuis le trespas nostre mère qui trespassa l'an LXVIII le jour S¹ Jacques et S¹ Phi-lippe en may. Sol IIII b. de fr. de dix s. Item VII s. Item XX s. ès sermans. Sol XXX s. à sa balle. Item XXX s. t. quant Jehan alla à la *court du Roy*. Item XXX s. pour aller à Lyre (?). Item ung escu d'or presté quant Jehan et Nicholas s'en allèrent à l'ordonnance. Il doibt XVI l. XVI s. VI et paie de lad. messe jusques en may IIII²² IIII²² et ung.

1504. Compte fait ovecques maistre Jehan Duboys d'une part et nous d'autre par ainsi qu'ils doivent du temps passé trois setiers huit b. de f., quatre l. t. en argent, quatre journées de Jehan Bourgoys et avons poié XVII s. huit d. pour la messe de l'annuel, trente ung s. III d. pour deux ans de sa part de la messe Nostre Dame et pour le trentel de mis¹ Jehan huit s. III d. et XX s. pour l'escollage des enfans et aussi des journées, moutons véndus (dime) et de la sye d'aoult et du boys vendu (dime) fait le sept² jour de jenvier et sommes quites de la messe Nostre Dame jusques à la Chandeleur ching²² et quatre.

Compte fait ovecques mis¹ Richart de Quenchie et nous par ainsi qu'il doivent du temps passé sept setiers ung b. de f. et vingt quatre s. en argent, quatre guellines et avons compté LXVII s. huit d. pour la messe de l'annuel, huit karolus pour le trentel de mis¹ Jehan et chinquante sous pour sa part de la messe Nostre Dame, dont nous sommes quittes jusques à la Clandeleur chinq[e] et quatre. Led. compte fait le neuf[me] jour de janvier chinq[e] et quatre.

Il serait bon de se rappeler ici les détails des obsèques d'Etienne et de Nicolas de Cairon.

Dans l'usage de la vie, les dates des piements et actes s'inspirent toujours des fêtes religieuses; ainsi la Typhagne, le Karesme prenant, le Pardon de la Passion, le Pardon de la Marchesique, l'Eucaristie, la Semaine Peneuse, les féries de Pasques, les Roaysons, la Septembresse, Notre Dame des Avens, les petites féries de Noël, la nouvelle messe.

3° *Situation du clergé inférieur.* — Noël Perrotte (qui devait être prêtre) doit ving trois s. t. et vi b. de f. de ferme (en 1478) luy ay compté et pais les journées et la sye d'aoult et *l'escollage* des enfants; mis[re] Jehan son frère commencha à chanter une messe la sepmaine (ce devait être aux intentions des Perrotte de Cairon) le premier jour d'octobre (1482).

1496. Mis[re] Nicolle Perrotte a fait à la pierre d'ardoyse trois voyages et ne faisoit pas tout son harnays ne de sa charete. Item trois jours et demy à maller (porter du fumier) à orge. Item 1 voyage au moulin et a eu ung b. d'avoine. Item ung voyage au Breul de nostre charrete et a eu ung b. d'avoine. Mis[re] Jehan Perrotte a fait deux jours et demy. Item 1 jour à maller à orge. Item 1 voyage au Brieul (Breuil) et a eu 1 b. d'avoine.

1501 en aoult. Mis[re] Jehan Bourgays et Jehan Regnart de Coulombiers et des Planques doivent de reste de la cure de Coulombiers la somme de quatre l. dix neuf s. t. de l'an iiij[c] LXXV. — Misire Lorens Bourgays et mis[re] Ferrault Pierres doivent douze l. t. de la desraine année du premier bail fait aud. Lorens et Pierres et doivent faire la court et vuyder ce qui est à vuyder.

1503. St Michel. — Mis[re] Guillaume et Jehan Lenepveu doivent par regart fait du temps passé chinquante deux s. huit d. t. et avons paié la sye d'aoult *et les journées* et sommes quites de la messe que mis[re] Guillaume a dite jusques aujourduy et ont xu grosses à maytié du xxe jour de octobre chinq[e] et trois dont ils sont paiés et n'avons point compté des arrérages des quatre b. de f. de rente depuys la jurée. Fait le jour dessus d. et an, sol. xxu s. huit d. quant ils rendirent leur part des d. bestes.

Mis[re] Yves Graveren a eu une paire de soullés de vi s. à rabastre sur sa messe Nostre Dame — Misire Mourise Gervaise doit dix soulz prestés en may v[c] et huit et les doit gaigner en anst... Il a eu une ramende à ses soulliés. Il a eu xx d. pour la messe Nostre Dame. Ledit misire Mourisse doit ung b. de f. Arques de quatre sous. Item trois s. vi d. prestés. Il doit gaigner xx s. et une ramende pour faire les sidres.

XI

FAITS DIVERS. — RENSEIGNEMENTS. — RECETTES.

Transmission de fief à Cairon. — Le fief du Châtel assis à Cairon fut donné à mariage à Jacques Antin de la paroisse de Livry et à damoiselle Guirette du Chatel sa femme, à cause d'elle, par lettre passée devant Guillaume Guerout, tabellion en la sergenterie de Briquessart le deuxiesme jour de juing l'an mil quatre cent cinquante et de present jurée sur ledit Antin à la requeste de Françoys Margrye escuier sieur de Forges et aussy a jugé ès assises de Caen tenues par Hugues Buryau l'an mil cinq cens dix sept en moys d'octobre.

Le procureur (?) Colin Lefevre a un papier où il y a dix huit feuilles touchant du fief de Breteuil assis à Caron, bailliés l'an mil cinq^cs et ung en decembre.

Vente d'un fief à Bretteville. — Mémoire que Jehan de Caulx vend^t à Jehan Huee, s^r de Rosel, ung fieuf noble ou membre de fieuf à court et usage assis à la paroisse de Bretevil'e l'Orguilleuze tenu par foy et hommage de la terre et sieurie de la Forest Auvray ainsy qu'il aperest par lettre passée devant Guillaume Lecouvrer, tabellion à Caen l'an mil iiii^c et huit le unziesme jour d'aust. — Ledit Jehan Huee et ses héritiers ont jouy dud. fief assis à Brettheville à cause des conquests comme téigny avecques led. fief de Rosel, néanmoins qu'ils n'en sont en riemps (?), car led. fief de Rosel est tenu du fieuf de Clinchain et led. fief de Bretheville de la Forest Auvray. — Mémoire que ung nommé Robert de Caulx est demeurant ès faubours de Baieux vis à vis du tripot et tenoit en ce temps les plés de la sieurye de Rosel et y pourroit on trouver beaucoup de renseignements.

Délivrance du fief de Cairon à Jean de Cairon. — Copie. A tous ceulx qui ces lettres verront, Jehan Richart, lieutenant général du vicomte de Caen, salut. Savoir faisons que aujourd'huy, xu^e jour de octobre l'an mil iiii^c iiii^xx et deulx, se présenta vénérable et discrete personne M. Jehan de Caron, prestre, curé de Coulombiers sur Seulie et s^r de Caron, lequel fist, constitua et establÿ ses procureurs N. de Caron, M. Estienne de Caron, escuiers, ses frères, Me Girart de Loucelles, prestre, Guillaume et Jehan ditz Laurence, escuiers, Me Eustace Dupis, Me Fernault Malherbe, M. Fabien Dupis, M. Jehan Ragot, M. Jehan de Rosel, M. Jehan Lefransoys, Louis Louesel, M. Estienne du Val prestre, Raoul d'Estampes, escuier, Girard Noel, M. Jehan Perrotte prestre, Jehan Parisy, Tassin Richart, Guillaume de Verson, Benest Beliart, Guillaume Marie, Jehan Tostain prestre, M. Girart Chingal, escuier, Jehan de Caron. Et chacun d'eulx en toutes ses causes et querelles meues et admouver vers et à l'encontre de toutes ses parties adverses tant en demandant qu'en deffendant. Et donne povair led. M. Jehan de Caron prestre à sesd. procureurs de sa personne représenter en jugement et dehors, de requérir et faire faire toutes clamours et adjournements, iceulx poursuivir et mener affin, soy présenter et opposer à toutes exécutions et jurés et icelles enchérir, se mestier est, requérir et faire faire délivrance de sond. fief de Caron, appelé le fieu au Chamberlins, assis en la paroisse de Caron et portant là où il s'estend et aultres héritages, icellui poursuivir et mener affin et en toutes choses besoigner et faire comme procureurs deument establys peuvent et doivent faire, promettre, tenir et avoir agréable, ce qui par ses d. procureurs ou l'ung d'eux sera en ce et les despenf(ances?) fait procuré et besoigné. En tesmoing desquelles choses nous avons seellé ces présentes de nostre seel ci après en l'an et jour dessusd. Ainsy signé. Regnault xxvi d.

Quittance des reliefs et treizièmes envers l'abbaye de Saint-Étienne : Nous Guillaume Toustain abbé de l'abbaie et monastère de Saint-Étienne de Caen, quite et clame quite noble homme maistre Jehan de Caron prestre, héritier aisné de Nicolas de Caron, en son vivant escuier, son père, de tous les reliefs et xiiie en quoy ladit maistre Jehan et ses frères povaient ou eussent peu avoir esté ou estre subjects tenus ou obligés en lad. abbaie et monastère et l'en quittons et clamons pour quite et tous aultres. En tesmoing de ce nous avons signé ces présentes en l'an mil iiii^c lx et xviii.

Service de l'ost. — Copie : Nous Philippe de Vassy, sieur de la Forest Auvray, commissaire du Roy nostre Sire, aiant la charge sur le fait de la conduicte et gouvernement des nobles, neblement tenans et aultres du baillage de Caen de povoir mander à aller où il plaira commander au Roy nostred. Seigneur. Certiffions à tous à qui il appartient, que pour et en lieu de Nicolas de Caron, escuier et en son aquit, à la moustre au jour duy par nous tenue à Saint-Pierre sur Dive avons receu Jehan Laourens en abillement d'archer, suffissamment monté et armé pour faire le service d'ost pour ce voiage, donné aud. lieu de Saint-Pierre par nous ylec tenu le xxviiie jour de may mil iiii lxxix (1479).

Exécution et vente. — Jehan Graveren a esté exécuté en vertu d'une obligation contenant neuf l. huit s. huit d. par la prinse d'ung vieil lit, ung plat d'estain et deux escuelles d'estain exécutées et vendues par Jehan Regnart, sergent de Cheaulx et ajugées à Jehan Le Vilain au prix de xx s. sur quoy est à rabattre exécution et vendue, l'an v^e et ung en may, que nous avons receulx.

Item une aultre exécution et vendue par led. Regnart sur led. Graveren en vertu de lad. obligation par la prinse de dix jeunes pourceaulx et deux truys vendues et ajugées à Jehan Le Vilain au prix de chinquante s. au marchié d'Évrecy, sur quoy est à rabattre exécution et vendue, et oultre trois s. quatre d. pour les mener aud. Évrecy et les a gardés led. Levilain huit jours après la vendue, dont il a eu dix s. pour la garde que nous lui avons baillés (ce doit être avant), mais ce n'est pas ès despens dud. Graverens, car il ne les a point délivrés. Fait l'an et jour dessusd.

Procès. — Frais de voyage à Rouen pour un procès : Nicolas de Caron mon nepveu partit pour aler à Rouen et mis Hervien Lepersonnier le jour de la Nativité Nostre Dame huit jour de septembre cinq et cinq et estoit principallement pour le procès de maistre Pierres d'Esterville et luy baillay cinq escus d'or au solail et deux demys escus de Roy, deux gros de millen de xvii s. et dix souls en monnoye, qui est en somme xii l. cinq s. xi d. Item je luy ay envoyé depuys cent s. t. Item il a eu sexante s. baillés par ma nièche Margrite que nous les devons. Item sept escus au solail pour avoir de vins. Item trois gros de millen pour la gradent(?) ès enfans de Beaumont.

Rouen (titre dans le livre). Jehan Néel, de Nouiers, porteur de doléances en marchié de bourse et n'a point esté la cause plaidée en assize, mes la mist en exécution de bailliage, où il fust declaré qu'elle seroit renvoyée à l'ordinaire de ladite Assize d'Évrecy et de ce a prins doléance et nous avons prins doléance de Robert de la Hogue à la vicouté d'Évrecy en plés de Villers et Chouly.

Mémoire de l'argent baillé à mons du Gast pour la provision à Rouen de la matière Girart Le Vavasseur porteur de doléances : Baillé à ycellui du Gast pour le premier voyage vingt l. t., viron neuf ou dix jours après la Toussains et y fust jusques à la vigille de Nouel et trouvons par son estiquet qu'il en a ancor viron quatre l. dont nous luy devons coût mon nepveu Nicolas, cinquante s. de quant il fut à une portie de l'Eschiquier précédent. Item baillé à ycellui s dix sept l. dix s. au voyage d'après Nouel. Item baillé à ycellui s du Gast vingt l. t. quant elle fut jugée en provision à la mycaresme et avons xxviii l. taux. Il a paié dud. argent un ponchon de vin de cent onze s. t. Item deux escus au solail, rapportés par mon nepveu Nicolas. Ils furent donnés au s du Gast.

Grande tempéte en 1519. — Le vendredy xvi jour de mars l'an mil v dis neuf avant Pasques fust sy grans vent qu'il abatit maisons, rompit tours et principallement selle de Secqueville, aracha ourmes, poumiers et aultre boys et fist dommage siens de cent livres en deux heures et abatit une lieson de la bergerye et se doit on donner de garde de feu par grans vent, car la grange diesmeresse de Secqueville fust brulée et deux aultres maisons. (Voir dans M. de Bras, la description de la même tempête à Caen, et cartulaire d'Ardennes, *inc. des Arch. du Calvados,* série II, t. I, p. 73).

Passage du roi François I à Breteville, le xiiii jour d'avril 1532. — L'an mil cinq cens trente deux le quatorziesme jour d'avril dyns ciens le

Roy Françsois et son fils mons' le Dauffin et dormit le Roy troys heures emprès dyner et mons' le dauffin s'ébatoit à faire monter les gentilhommes sur la grauche et maison du jardin, et y monta le premier le conte de Saint-Paul et fist entrer plusieurs personnes dedeus la mallière dssiens, auxquels il donnoit à chacun ung escu, et venoit de Caen et s'en allouet concher à Baieux et estoit jour de dimanche et le mardy ensuyant xvi' jour dudit moys d'avril y dina Mons' le Chanselier et légat en Franse (Michel Duprat, chancelier, cardinal-légat *a latere*) et avecques luy le cardinal de Grantmont et est le quatriesme Rouy qui y out logé l'un en près l'autre, sans le Roy Louis derain, qui y a logé comme duc d'Orléans.

Ens, les noms des (gentilshommes) qui estoient ciens avecques le Roy :

Le roy de Navarre; Mons' de Vandome et son frère conte de Saint-Paul; le cardinal de Lorrenne; Mons' de Longueville et son frère le marquis; le marquis de Salluz; le signeur Franssieque; Reyné de Cossé, grant escuier; Mons' le grant maistre Monmorensy; Chaudion grand provost; Mons' de Vaulx, bailly d'Allançon, qui servoit ce jour de escuier tranchant; Mons' d'Allegre, bailly de Caen; le provost de Parys; le filz de mons' de Florenges, maréchal de Franse; le fils de la Trémoulle.

Pélerinage à Saint-Martin de Tours. — *La châsse.* — Mémore du poys que poissent dix sept lampiers, lampes grandes, qui sont ardantes nuit et jour devant le corps et fertié (fierte) de mons' saint Martin en la ville de Tours, c'est assavoir trois cens deux mars deux onzes. Item les triails d'argent en tour led. corps poisent sept mille sept cens soixante mars d'argent. Non comprins la chape d'argent qui quieuvre led. corps et quatre gros pilliers semblablement d'argent que fist et forga mons' Saint Éloy. Et est ce extrait de ung tablier escript en parchemin en l'Église de mons' Saint Martin et y est le Roy de France en pourtraicture en argent, non comprins aux choses dessus dites. Laquelle église visita Maistre Jehan de Caron et Jehan Laoureau l'an mil cccc lxxxi le xviii' jour de février.

Détails sur une greffe de poirier en 1507. — Frère Thomas de Bourdeaux a présent demeurant au couvent de Pontayse, qu'il fasse avoir des greffes de périer, d'une poyre qui a l'oel large comme une grenade et les aporta ung religieux nommé frère Paquier et est pour un des ôtes des religieulx demeurant entre Caen et Baieulx sur le grant chemin, nommé le s' de Caron, et les a entées ung religieulx nommé frère Michel du couvent d'Alençon.

Cosmographie. — La terre est une petite partie du monde et est ronde comme ung pays en my ung cercle. Et tourne le firmament en tour desoubz comme desus. Et a la terre des pays par my le milieu, v mille v cens ieulx. Et a la terre xx mille lieues iiii cens et viii. Le soleil (a) de grandeur en son ciecle lx et xiiii mille lieues et iiii cens. Et y a d'ycy juques au soleil xxviii mille lieues, lxxii .v. cens lieues. Et y a d'ycy juques en Paradis deulx cens mille lieues par deulx cent mille lxxiii mille foiz, et autant contient paradis. Et y a d'ycy en enfer iii mille lieues. Et a xx lieues de goulle (d'entrée).

Recettes utiles. — Mémoire que la sauge, l'isope et le timbe et du safren est bon à metre au potage. Item les pilules arabiques sont propres et à prendre loing de boire et manger. Item le travel et exersisse est bon et se tenir joieulx.

Pour faire eau à guérir le chanchre soit aulx gens ou oisiaulx : Prenez une pière de caulx vifve et la metés à destaindre dedens une escuelle d'eau neste et quant elle sera destainte, ostés l'eau de parmy la caulx et la lessés reposer et puis la coulés parmy ung linge blanc à une escuelle neste et la lessés reposer et la craime qui viendra dessus ostés la par deux ou troys foys et puis lavés de ceste eau led. chancre et il guérira.

Pour faire vin aigre : Prenés la lice d'un poinçon ou deux de vin et la metés dedans une pouche et la pendés affin que elle s'épure dedens quelque vesyau et quant elle sera bien espurée, prenés d'autre lice de vin assés claire plain ung chaudron et la faites fort bouillir sur le feu et la mouvés tousiours atout ung bâton et quant elle aura bien bouillys lessés la refroidir deux jours au chauderon et puis pressé le vin qui aura puré (coulé) de la lye et la lye du chauderon et meslés tout ensemble dedens un pouchon ou demye pipe et il se fera bon vin aigre et y remelés tousiours de bon vin et y se fera tousiours vin aigre et s'y y melés de la fleur de soue (seue en patois ou sureau) parmy il en sera meilleur.

Item de la lye qui sera demeurée en la pouche brulés au four et elle se fera chendre gravellée et de ceste chendre destrempés avecques de l'eau nete et en lavés vos *dens pour le chancre* et ils gariront.

Item destrempés de ceste chendre avecques de l'eau nete et de la lesyve et s'il y a *tache de gresses*, lavés l'endroit de l'habillement où la tache sera et la raclés d'un couteau et elle se deffera et se c'estoit ung bonnet et qu'il blanchit par les bors, quant il seroit desgressé, il le fauldret noire à le renerchir (renoircir) et le laisser séchor (sécher?) et on degressera ainsy bien velours et soye comme drap.

Item s'il y avoit *tache de uille* en velours soye ou drap prenés deux ou troys peugues (poignées) de feuilles de pouryaulx et les boutés bouillir en ung pot bien net et quand ils seront cuis, purés l'eau par ung linge et de ceste eau lavés la tache de uille et elle deffera.

Pour blanchir linge et fil : Item la chendre gravellée faite de lye de vin mise en la léssive est la chose du monde qui plus blanchit et qui plus destache les taches de gresse et de fritage (fruits).

Pour guérir les bestes allaine de la grappe : Prenés de la lessive coulbise ou de la sausse de lart et boutés de la fleur de forment de la plus blanche et la mesles ovecques la lessive ou sausse comme on destremperoit le papa d'un effant et puis le faire bouillir très bien ensemble, tant qu'il demeure espès et puis fault bouter du tere (?) et de la gresse ensemble à ung autre pot à bouillir au feu et qu'il ne bouille pas fort et puis fault bouter le tere et la gresse parmy la lessive et la fleur et mouver tout ensemble et de pus (plus) que tout sera meslé, qu'il ne bouille guères, de peur qu'il ne verse et puis quant il sera froit, espartir la laine des bestes là où ils seront mallades et les oulsindré de cest onguentent et ils guériront pour vray, car c'est chose esprouvée.

TABLE.

—

www.ingramcontent.com/pod-product-compliance
Lightning Source LLC
Chambersburg PA
CBHW070939280326
41934CB00009B/1940